D1698472

MA'al
Invokationen des Lichts

MA'al

Invokationen des Lichts

Einweihungen der spirituellen Hierarchie

Edition Sternenprinz
im HANS-NIETSCH-VERLAG

Lektorat und Korrektorat: Nadine Drexl

Layout und Satz: Rosi Weiss

Covergestaltung: Rosi Weiss, unter Verwendung einer Illustration von H.G. Leiendecker

Hans-Nietsch-Verlag

Poststr. 3 • 79098 Freiburg

Internet: www.nietsch.de; www.sternenprinz.de

E-Mail: info@nietsch.de

ISBN: 3-934647-67-7

Inhalt

Vorwort

Geliebte Menschen,

die Zeit des Wandels ist nah. Die alten Paradigmen, die auf Furcht und Angst beruhen, haben ihre Aufgabe erfüllt. Nun wird euch euer freier Wille anleiten, erneut die Himmel zu schauen und die Größe und Wahrheit zu erkennen, die euer Lernen und eure Liebe hervorgebracht haben.

Ihr seid aus freien Stücken hierher gekommen, habt alle Erfahrungen selbst gewählt und seid in all diesen Leben über euch hinausgewachsen. Nun ist der Augenblick gekommen, all diese Erfahrungen zu erlösen und euch der Göttlichkeit, die ihr verkörpert, ganz zuzuwenden.

Ihr werdet in den kommenden Jahren sehen, wie sich alles neu zusammenfügt. Ihr werdet das Mitgefühl und die Liebe zueinander in euch erwecken und auf dem Weg, den wir vor euch gegangen sind, weiter voranschreiten. Ihr werdet die, die nach euch kommen, inspirieren und sicher durch dieses Zeitalter führen. Und wenn ihr bereit seid, werdet ihr zu uns zurückkehren, um am Firmament der Liebe einen neuen Platz einzunehmen.

Die Invokationen des Lichts erneuern euren Bund mit den großen Mächten der höheren Sphären und lassen euch euer wahres Wesen erahnen. Sie geleiten euch durch alle Schleier des Vergessens hindurch. Sie rufen euch, und eure Seele antwortet. Öffnet euer Herz und wisst, dass wir stets bei euch sind.

In Liebe

Sanat Kumara

für die spirituelle Hierarchie

Einführung

Invokationen des Lichts sind eine Einladung der spirituellen Hierarchie, zu unserer Ganzheit zurückzukehren. Der Zeitpunkt ist gekommen, uns zu unserer eigenen Macht zu bekennen und Verantwortung für uns selbst und diese Welt zu übernehmen.

Diese Anrufungen sind sehr kraftvolle Instrumente. Sie verbinden uns mit der Liebe und der Weisheit der großen Mächte, die dieses Universum lenken. Sie wirken unmittelbar und können vielfältige Ereignisse in unserem Leben hervorrufen. Sie fördern unsere persönliche Entwicklung und erinnern uns an unsere Herkunft. Wir durchschreiten die Schleier des Vergessens und stellen uns der Wahrheit, die in unserem Herzen wohnt.

Wie unser Herz uns den Pulsschlag des Lebens schenkt, so verleiht es uns auch die Gewissheit, dass alles in uns ruht. Wir sind mit allem verbunden, alles ist Teil von uns und wir sind Schöpfer und Schöpfung zugleich.

Alle Mächte aller Welten sind Bewohner unseres Herzens und bilden eine Gemeinschaft. Indem wir uns erinnern, indem wir uns anerkennen, indem wir sehen, dass alles aus Liebe erschaffen wurde, erblicken wir die Wunder dieser Welt und beginnen, die Schönheit und die Magie allen Lebens zu erneuern.

Die Unendlichkeit, die zu unseren Füßen liegt, wartet nur darauf, dass wir sie mit beiden Händen erneut ergreifen. Es liegt an uns, es einfach zu tun.

MA'al Kumara

Mein Name ist MA'al. Dieser Name beschreibt die Flamme meines Herzens und das Licht, aus dem ich geboren wurde. Meine Sternenfamilie ist die der Kumaras, deren Dienst darin besteht, das kosmische Gleichgewicht zu erhalten, zu erneuern und in jeder Schöpfung das Bewusstsein, dass alles Leben miteinander verbunden ist, zu bewahren.

Die Kumaras gestalten dieses Universum und erschaffen den Weg, der es dem Licht der Quelle ermöglicht, sich innerhalb einer Schöpfung ungehindert zu entfalten. Es liegt in ihrer Macht, die Strukturen zu erbauen oder aufzulösen, mit deren Hilfe diese Absicht verwirklicht werden kann. So ermöglichen sie es dem Licht der Quelle, sich selbst zu erkennen und sich der eigenen Ganzheit erneut bewusst zu werden. Erwacht eine Schöpfung in ihre Liebe, so wird diese Liebe zu einer neuen Quelle, aus der die nächste Schöpfung geboren wird.

Auf der Erde wirken sieben Kumaras, darunter Sanat Kumara und Sananda Kumara. Zu meiner Aufgabe gehört es, die 144 Aspekte der irdischen Christusgitter mit den kosmischen Gittern dieser Galaxis in Einklang zu bringen und die Tore der höheren Sphären für die Menschheit zugänglich zu machen.

Der Moment des Erwachens ist ein sehr komplexer Vorgang. Wir sind das, was wir sind. Wir können nur wir selbst sein. Niemand anders. Auch wenn wir eine Welt der Dualität und Getrenntheit gewählt haben, uns hier vor uns selbst verstecken können, unser Selbst über viele Jahre hinweg verleugnen, verdecken oder vollkommen vergessen: Wir können unsere Kraft missbrauchen, unsere Liebe missachten, aber stets wird das, was unsere Natur ist, an die Oberfläche zurückkehren, bis wir bereit sind, uns an unseren Ursprung zu erinnern und an die Liebe, aus der wir erschaffen wurden.

Ein wichtiger Augenblick in meinem Leben war die Erinnerung daran, dass ich hier bin, weil ich diesen Ort unermesslich liebe. Dies war einer der vielen Schritte auf einem sehr langen Weg, der am Tag meiner Geburt begann.

Blicke ich zurück, so sehe ich, dass alles, was ich in meinem Leben getan habe, mir dabei half, meine Macht zu erproben. Jede Ausbildung, jedes Seminar, jede Einweihung, jeder Lehrer, jede Partnerschaft und jedes Projekt haben mich geleitet und gaben mir den Mut, die Ausdauer und das Wissen, um meiner Aufgabe gerecht zu werden.

Alles strömt nun zu einem Ganzen zusammen, das künstlerische Studium, mein spiritueller Weg, die jahrelange Erfahrung als Lehrerin für Körperarbeit und interdisziplinäre Kunst, meine Tätigkeit in Werbeagenturen und Unternehmensberatungen. Alles ist aufeinander aufgebaut und hat sich gegenseitig bedingt. Das scheinbare Ende einer Entwicklung enthielt immer bereits den Samen für den nächsten Lebensabschnitt, und jetzt zeigt sich deutlich der rote Faden, der alles miteinander verbindet.

Zu Beginn meiner Zusammenarbeit mit der spirituellen Hierarchie hat mich Sanat Kumara sanft geführt. Ich war an einem Wendepunkt in meinem Leben angelangt, hatte begonnen, Bücher über Aufgestiegene Meister zu lesen und in mir wuchs die Gewissheit, dass ich ebenfalls die Fähigkeit besaß, mich zu verbinden. Die Entscheidung, mich für die Meister zu öffnen, war von dem Wunsch geprägt, wirklich zu verstehen, wer ich bin, und vor allen Dingen, warum ich hier bin.

In dem Moment, da ich die ersten Worte spürte, die sich eindeutig außerhalb meines eigenen Bewusstseins formten, fühlte ich, wie etwas in mir erwachte und wie mein Leben nun eine andere Richtung nehmen sollte. Seit diesem Tag ist mir die Gegenwart der Meister stets bewusst. Ihre Präsenz ist etwas Alltägliches und vollkommen Natürliches und zu jeder Zeit sprechen wir miteinander.

Eine der Begegnungen, die mich zu Anfang am meisten verändert haben, war die mit Sananda. Als ich zum ersten Mal seine Gegenwart fühlte und mich für seine Liebe öffnete, brachte dies eine völlige und allumfassende Veränderung in mein Leben. Zum allerersten Mal fühlte ich mich einfach geliebt, bedingungslos geliebt, so geliebt, wie ich bin, und für das, was ich bin. Auf einmal war ich bereit, geliebt zu werden, etwas, das ich zuvor niemals wirklich hatte zulassen können. Ich hatte das gefunden, wonach ich mein ganzes Leben gesucht hatte: die Bereitschaft und das Vertrauen, mich dem Leben hinzugeben.

Schon sehr bald war ich mir bewusst, dass ich Sananda in vielen Leben begegnet bin. Mehr und mehr begann ich mich zu erinnern und an einem Abend stieg eine besonders schmerzhafte Erinnerung in mir hoch.

Es war der Nachmittag vor dem Abendmahl. Jeschuau beugte sich zu mir herab um sich zu verabschieden. In diesem Leben war ich seine jüngere Schwester und ich liebte ihn sehr, mehr als jeden anderen Menschen. Er war die Liebe selbst und in seiner Nähe zu sein war für mich das vollkommene Glück. Als er sich mir zuwandte und sagte, dass er jetzt fortgehen müsse, konnte ich den Sinn seiner Worte nicht begreifen. Ich verstand weder, warum er diesmal so anders zu mir sprach, noch, wohin er gehen würde. Erst sehr viel später wurde mir bewusst, dass ich ihn nie wieder sehen würde.

Ich habe an diesem Abend so geweint wie noch nie in meinem Leben und war völlig außer mir. Eine alles verschlingende Woge tiefsten Schmerzes überrollte mich und abgrundtiefe Ohnmacht und Verzweiflung strömten über mich herein.

Ich spürte die Liebe, die ich damals gefühlt hatte, eine Liebe, die einfach vollkommen war, und zugleich den tiefsten Schmerz des Verlustes und des Verlassenwerdens.

Über viele Wochen hinweg fühlte ich mich unfähig, über dieses Erlebnis zu sprechen. Meine ganze Wut auf Gott stieg in mir hoch, dass er mir meinen Bruder genommen hatte, und meine ganze Verachtung für die Menschheit, dass sie dies zugelassen hatte. Es hat wirklich lange gedauert, bis ich fähig war, mich mitzuteilen, und den Frieden gefunden habe, der mir erlaubt, die damaligen Ereignisse aus einer umfassenderen Perspektive zu betrachten.

Dies war die erste Aufgabe, die ich zu erfüllen hatte, bevor ich mit den Meistern zusammenarbeiten konnte: meinen Frieden mit Gott zu machen und wieder Vertrauen in ihn zu finden. Alle Erfahrungen waren selbst gewählt und dienten letztendlich dazu, jegliche Form von Getrenntheit in mir zu erlösen und mich für die Ganzheit allen Lebens vollkommen zu öffnen. Nach und nach fügten sich alle Erfahrungen neu zusammen und das größere Bild wurde erkennbar. Mit einem Male konnte ich sehen, wie einzelne Leben miteinander verwoben waren, sich ergänzten und auch bedingten, wie sie mir den Weg offenbarten, meine Liebe in dieser Welt zu leben, wie sie mich lehrten, mir selbst und anderen zu vergeben.

Ein weiterer entscheidender Moment auf meinem Weg war das erste Projekt in Berlin mit Saint Germain. Zu diesem Zeitpunkt hatte ich bereits mehrere Seminare und Meditationen gegeben, hatte gelernt, still zu werden, mich zu öffnen, die Worte fließen zu lassen, mich hinzugeben und zu vertrauen. Alles, was bis dahin angekündigt war, hatte sich erfüllt, und wie es schien, war dies der Moment, einen großen Sprung zu wagen.

Aber zum ersten Mal hatte ich keine wirkliche Vorstellung davon, was mich bei dieser Aufgabe erwartete oder wie das, was Saint Germain angekündigt hatte, sich umsetzen ließe. Ich war aufgeregt und auch voller Anspannung. Ich wanderte durch Täler voller Zweifel und stellte alles in Frage, was zuvor geschehen war. Es dauerte Tage, bis ich die Bereitschaft fand, mich wirklich darauf einzulassen. Doch dieser gesamte Prozess stärkte mich und ich begriff, wie wichtig es war, ganz bei mir zu sein und mir selber zuzuhören. Niemals geht es in der Arbeit mit den Meistern darum, blind zu vertrauen oder unsere Macht und unseren gesunden Menschenverstand abzugeben. Die Entscheidung, dieses Projekt zu realisieren, musste aus mir selbst heraus kommen und auf meinem eigenen freien Willen gegründet sein.

Als ich das Seminar eröffnete, spürte ich einfach, dass alles stimmte. Dies war der richtige Platz zur richtigen Zeit und ich war absolut bereit für alles, was uns erwartete. Diese Tage wurden zu einem der magischsten Augenblicke in meinem Leben. Ich bekannte mich zu meiner Kraft und fühlte mit meinem ganzen Wesen, wer und was ich bin. Ich fühlte mich so, als hätte ich nie etwas anderes in meinem ganzen Leben getan.

Wir begannen in diesen zwei Tagen das Fundament und die Struktur der ersten großen Pyramide des Lichts zu bauen und mit Hilfe der Erzengel zu verankern. Das gesamte Projekt findet nun im dritten Jahr seinen Abschluss und als nächstes beginnen wir, die Wunden in Europa zu heilen.

Der Träger einer Kraft zu sein ist eine Verpflichtung und ein Versprechen zugleich. Es ist eine Verpflichtung dieser Welt gegenüber und ein Versprechen an die, die nach uns kommen. In dem Augenblick, da ich bereit war, meine Kraft anzuerkennen, erklärte ich mich gleichermaßen bereit, meiner Liebe und meinem Licht in dieser Welt Ausdruck zu verleihen.

Viele Menschen haben mir auf diesem Weg beigestanden. Sie haben mir geholfen, die Masken fallen zu lassen, alte Wunden zu heilen, und mich dazu ermutigt, diesen Weg beständig weiter zu gehen. Ihnen gilt heute mein herzlichster Dank.

Was mich zu allen Zeiten inspiriert hat, war ein Seminar mit Dr. Diane Seadancer Battung, einer meiner Lehrerinnen aus der Tradition des Sweet Medicine Sundance Path. Es hieß: „Ein würdiger Ahne der Zukunft werden". In diesem Seminar hatte ich eine Vision, wie ich mit 80 Jahren im Schaukelstuhl sitze, umgeben von vielen Kindern, und erzähle, wie es denn nun damals war, als die Regenbogenkrieger erwachten, die Erde heilten und die Menschen sich an ihr Licht erinnerten.

Dieses Bild ist in meinem Geist recht lebendig. Es erinnert mich daran, dass es weniger um uns als vielmehr um die Generationen geht, die nach uns kommen und hier eine Welt vorfinden, in der alles Leben sich in Liebe neu zusammenfinden kann.

Jedes Seminar und jede Einweihung, die ich gebe, schenken mir mehr Wissen über die Zusammenhänge in dieser Welt. Es erfüllt mein Herz mit großer Hoffnung zu sehen, was in der gemeinsamen Arbeit geschehen kann. Zu sehen, welche Heilung für die Erde möglich ist, wenn wir uns füreinander öffnen und den Mut finden, unsere Liebe, unsere Kraft und unseren Willen miteinander zu verbinden und unserer eigenen Größe gewahr zu werden.

Es schenkt mir mehr und mehr Freude, gemeinsam Sternentore und mehrdimensionale Lichtpyramiden zu bauen, Portale zu anderen Welten zu öffnen, mit den anderen Sternenfamilien und Mitgliedern anderer Schöpfungslinien zusammenzuarbeiten und das Herz der Erde mit dem Licht des Christus zu vereinen, so dass alle Schöpfung sich aus der Getrenntheit erhebt und in ihrer eigenen Liebe erwacht.

Es ist eine wunderbare Arbeit, und wenn ich zurückblicke, weiß ich, dass es alle Erfahrungen wert war, um an diesen Punkt zu kommen. Die Erde erwacht und mit uns die gesamte Schöpfung.

Die Öffnung des Geistes

Gebete entspringen unserem Herzen. Sie schenken uns Kraft, da wir uns erinnern, dass alle Kraft in uns selbst liegt. Sie schenken uns Frieden, da wir erkennen, dass wir stets die Wahl haben. Sie erlösen das, was tief in uns verschlossen ist, und geben uns Hoffnung. Durch Gebete erwächst in uns die Gewissheit, dass wir stets geliebt werden. In Gebeten sprechen wir zu dem, was uns heilig ist, und so sprechen wir zu dem, was in uns selbst göttlicher Natur ist.

Meditationen öffnen unseren Geist. Stille und Ausgerichtetheit führen uns in das Zentrum unseres Seins. Wir empfangen dort die Klarheit, die es braucht, um dem, was wir sind, schöpferischen Ausdruck zu verleihen. Wir spüren gleichsam unsere Einzigartigkeit und schöpfen die Kraft, auf unserem Lebensweg weiter voranzuschreiten und dem Göttlichen in allem gewahr zu sein.

Durch Invokationen rufen wir die höheren Mächte dieser und anderer Welten in unsere Gegenwart. Alle Aspekte unseres Wesens beginnen sich zu öffnen und auf die höhere Frequenz einzuschwingen. So erzeugen wir in uns bewusst einen Klang, der mit der angerufenen Macht in eine tiefe Resonanz tritt. Wir beginnen zu fühlen, wie wir eins sind mit uns selbst und allem Leben. Wir werden daran erinnert, dass alles mit allem verwoben ist, einander bedingt. Wir beginnen zu spüren, wie wir Teil von allem sind und dass alles ein Teil von uns ist.

Gebete, Meditationen und Invokationen weisen uns darauf hin, dass wir eins sind mit der Welt und dass wir selbst Schöpfer sind. In Gebeten sprechen wir mit dem Herzen. In Meditationen empfangen wir mit dem Herzen. In Invokationen öffnen wir unser Herz über alle Begrenzungen hinaus.

Invokationen des Lichts berühren uns auf allen Ebenen unserer Persönlichkeit, schwingen in Resonanz mit unserer Seele und durchdringen alle Schleier unseres Bewusstseins. Sie entfalten ihre Wirkung durch uns selbst. Rufen wir eine Macht in unsere Gegenwart, so öffnen wir unser Herz in der gleichen Frequenz.

Die Mächte, die wir in den Invokationen des Lichts anrufen, begegnen uns mit allerhöchster Zuneigung und fürsorglicher Liebe. Sie sind unsere älteren Brüder und Schwestern und repräsentieren letztendlich einen Aspekt unserer selbst. Um unseren Respekt zu bezeugen, ist es daher angemessen, die Anrufungen entsprechend vorzubereiten.

- Sorge dafür, dass du ungestört bist.

- Bereite deinen Raum vor, verwende ein dir angenehmes Räucherwerk und zünde eine Kerze an.

- Nimm dir Zeit, dich zu sammeln.

- Beginne einfach tief ein- und auszuatmen. Atme langsam.

- Spüre, wie deine Gedanken zur Ruhe kommen.

- Verbinde dich mit deinem Herzen.

- Zentriere dich.

- Öffne dein Herz.

- Öffne deinen Geist.

- Atme tief ein und aus.

- Spüre, wer dich jetzt begleiten möchte.

- Sprich die Worte mit klarer Stimme.

- Sprich Zeile für Zeile, Satz für Satz.

- Nimm dir ausreichend Zeit, die Gegenwart der gerufenen Mächte zu fühlen.

- Erlaube, berührt zu werden. Erlaube, das Licht, das dich umgibt, mit deinem ganzen Wesen zu erfahren.

- Bleibe so lange ruhig sitzen, bis du spürst, dass die Anrufung vollendet ist.

- Spreche nach deiner Anrufung mit deinen eigenen Worten einen Dank.

Anwendung der Invokationen

- Die 31 Invokationen des Lichts dienen der Öffnung deines Geistes in die Ganzheit allen Lebens. Die Arbeit mit den gerufenen Mächten bewirkt tief greifende Veränderungen in deinem Bewusstsein.

- Sei bereit für Veränderungen.

- Jede Invokation braucht ihre eigene Zeit, um ihre Wirkung zu entfalten. Sei dir bewusst, dass jede Invokation auch das in deinem Leben zum Vorschein bringt, was in dir noch in Widerspruch zu der angerufenen Macht steht.

- Verwende die Invokation der Violetten Flamme der Transformation und Wandlung als Einstieg und auch später nach eigenem Ermessen in regelmäßigen Abständen.

- Die Invokationen, die das Licht ewiger Liebe, der Klarheit und der Einheit rufen, sind sehr machtvoll. Führe sie erst dann aus, wenn du ganz deutlich fühlst, dass du dafür bereit bist.

- Beginnst du mit diesen Invokationen zu arbeiten, erklärst du gleichermaßen, dass du vollkommen dazu in der Lage bist, die Verantwortung für dich selbst und alle aus der Arbeit mit den Invokationen folgenden Prozesse zu übernehmen.

Invokationen des Lichts

Die Violette Flamme der Transformation und Wandlung

Die Violette Flamme der Transformation und Wandlung durchdringt alle Schwingungen und Frequenzen dieses Universums. Ihre Kraft zu transformieren und zu verwandeln ist uneingeschränkt und allumfassend. Sie wird im Tempel der Violetten Flamme der Zentralsonne dieser Galaxis bewahrt und von der Priesterschaft der Violetten Flamme unterhalten.

Sie kann zu allen Zeiten angerufen werden. Sie wird niemals verweigert. Sie kann ausschließlich zum höchsten Wohle aller angewendet werden. Die Intensität, mit der sie ihre Wirkung entfaltet, hängt von demjenigen ab, der sie anruft.

Die Violette Flamme der Transformation und Wandlung vereint in sich verschiedene Frequenzen und existiert in unterschiedlich hohen Schwingungsebenen. In den beiden nachfolgenden Invokationen wird sie direkt aus dem Tempel der Zentralsonne gerufen. Diese Schwingung ist die höchste Frequenz der Violetten Flamme der Transformation und Wandlung, mit der wir uns derzeit direkt verbinden können.

Beide Anrufungen dienen uns, uns unserer Ganzheit vollkommen bewusst zu werden. Jegliche Getrenntheit transformierend, erhebt die Violette Flamme der Transformation und Wandlung unser Bewusstsein auf eine neue Ebene und weist uns den Weg zurück in die Einheit allen Lebens.

Sie erhellt Hindernisse und Widerstände. Ihr Feuer verzehrt die Projektionen unseres Geistes und lässt uns erkennen, wann wir dazu neigen, uns von unseren Ängsten abhängig zu machen. Sie zeigt uns unsere Realität aus göttlicher Perspektive.

Die Violette Flamme der Transformation und Wandlung ist ein Geschenk der spirituellen Hierarchie. Sie offenbart unser wahres Wesen und erweckt in uns die Fähigkeit, unser Bewusstsein zu verfeinern. Ihre Macht ist unbegrenzt. Sie fordert uns auf, uns für die Gegenwart zu öffnen und im Augenblick zu ruhen.

Violette Flamme der Transformation und Wandlung.

Ich rufe dich in meine Gegenwart.

Ich rufe dich in mein Herz und meine Seele.

Alles, was in Dunkelheit lag, kehrt zurück.

Alles, was zurückkehrt, ist ganz.

Alles, was ganz ist, erkennt sich selbst.

Ich bin.

Ich bin.

Ich bin.

Die Violette Flamme schenkt uns die Kraft der Wandlung und tief greifender Transformation. In ihrem Feuer wird jede Form, jede Struktur und jede Schwingung erhöht. Sie befähigt uns, unser Leben der höchsten Ordnung zu weihen und unbeirrbar unserem Weg zu folgen.

Violette Flamme der Transformation und Wandlung.

Ich rufe dich in meine Gegenwart.

Umhülle mich mit deinem Feuer.
Ich werde eins mit dir.
Dein Feuer brennt in meinem Herzen.

Ich bin Wandlung.

Ich bin Erneuerung.

Ich bin ein Tor der Quelle.

Mein Licht berührt alle Welten.

Mein Licht berührt alle Seelen.

Mein Licht berührt alle Herzen.

In mir erwacht alle Schöpfung zu neuem Leben.

In mir zerfällt alle Illusion zu Staub.

In mir spiegelt sich alles Göttliche
und erkennt sich selbst.

Saint Germain

Saint Germain ist Maha Chohan der spirituellen Hierarchie. Er herrscht über die sieben Strahlen der Schöpfung und alle Strahlen der Transformation und Wandlung. Im Juni 2004 wurde auf der Erde die Violette Flamme der Transformation und Wandlung mit dem violetten Spektrum des 7. Strahls der zeremoniellen Ordnung und Magie vereint und dem Amt des Maha Chohan unterstellt. Gemeinsam mit dem Amt des Christus und dem Amt der Göttlichen Mutter repräsentiert das Amt des Maha Chohan die spirituelle Hierarchie auf der Erde. Sein Sitz liegt in den höheren Sphären über Long Island. Es wird von der Priesterschaft der Violetten Flamme, Mitgliedern des Sirianischen Konzils und weiteren Mitgliedern der spirituellen Hierarchie geführt und von Saint Germain geleitet. Viele von uns sind nun aufgerufen, dort ihren Dienst zu beginnen.

Dienen heißt in erster Linie, uns selbst zu dienen. Was macht uns glücklich, was inspiriert uns, was macht unser Leben wirklich lebenswert?

Zu dienen ist ein Akt des freien Willens. Es ist keine Pflicht oder Bürde, sondern eine liebevolle Handlung, die der Tiefe unseres Wesens entspringt.

Wir beginnen, uns für unsere Bestimmung zu öffnen und bewusst an unserer Entwicklung und allen Prozessen, die damit verbunden sind, teilzunehmen. Wir übernehmen Verantwortung für das, was wir tun oder auch unterlassen. Wir sind bereit, unser Leben in allen Bereichen zu meistern.

Es liegt in unserer Macht, stets nach der Verfeinerung unserer Seele zu streben und uns für alle Veränderungen auf unserem Weg zu öffnen. Selten wissen wir, warum Dinge so sind, wie sie sind, aber es ist uns geschenkt, das Beste daraus zu machen.

Saint Germain ist eine der großen Seelen, die sich vor Jahrtausenden bereit erklärten, uns jetzt beizustehen.

Er ist unser Lehrer für das Zeitalter des Wassermanns und wird die Menschheit durch diese Zeiten des Wandels und der Veränderung führen. Sein Wirken fordert uns auf, uns zu uns selbst zu bekennen.

Sein Humor, seine Liebe und seine Direktheit sind Eigenschaften, die es uns sehr leicht machen, seinem Weg zu folgen und allen Menschen zu dienen.

Saint Germain, geliebter Bruder, geliebter Freund.

Ich rufe dich in meine Gegenwart.

Ich entbiete dir meinen Dienst
in diesen Zeiten des Wandels und der Erneuerung.

Dir beizustehen, bis alle Welt berührt wird von der Flamme,
die du in deinem Herzen trägst.

Lass mich Träger dieses Lichts sein,
sichtbar für alle Menschen.

Schenke mir deine Führung und deine Weisheit.

Erhelle meinen Weg
und erlaube mir, dir nachzufolgen in diese Neue Zeit.

Maria

Maria gewährt uns die Gnade göttlicher Liebe. Sie lehrt uns, was unser Dienst sein kann: eine immer während Quelle der Dankbarkeit, der Segnung und der Fülle.

Das Leben lehrt uns, uns selbst so zu lieben, wie wir sind, und für alle Erfahrungen dankbar zu sein.

Doch oft erscheint unsere Welt kompliziert und kaum überschaubar. Manchmal fühlen wir uns überfordert, unseren Alltag und unser spirituelles Empfinden in Einklang zu bringen, haben das Gefühl, in einer Sackgasse zu stecken, oder starren gebannt auf einen Fleck und kommen kein Stück weiter.

Wir begegnen Situationen, die uns unerträglich erscheinen, die alle Existenzängste in unsere Gegenwart befehlen oder in denen wir uns einfach hilflos und verlassen fühlen. In diesen Zeiten haben wir oft einfach nur den Wunsch zu verstehen oder die Wunde, die wir fühlen, zu heilen.

Sind wir in diesem Augenblick bereit, uns weniger wichtig zu nehmen, beginnen wir zu sehen, dass wir nicht der Mittelpunkt des Universums sind, um den sich alles dreht.

Wir geben uns den Raum, zurückzutreten. Wir beginnen erneut zu sehen, wie alles miteinander verbunden ist. Wir beginnen zu sehen, dass alles, was geschieht, Teil von uns ist, dass es nichts gibt, das ohne unser Einverständnis geschehen könnte. Dies ist der erste Schritt zu unser Ganzheit.

Wir erkennen, was in uns noch in Angst und Getrenntheit verharrt, und öffnen uns für die Liebe, die uns stets umgibt. Wir beginnen wieder zu fühlen und den Worten unseres Herzens Gehör zu schenken. Immer werden wir geliebt, immer sind wir untrennbar verbunden mit Allem-was-ist.

Maria schenkt uns die Liebe der göttlichen Mutter. Sie entbietet uns Geborgenheit und Schutz. In ihrer Gegenwart kommen alle Gefühle und alle Gedanken zur Ruhe.

Maria erinnert uns daran, dass wir alle Kinder Gottes sind und stets zu ihr heimkehren können. In ihren Armen finden wir den Frieden, den unsere Seele ersehnt, und erbitten die Kraft, die uns ermächtigt, diese Welt mit ihren Augen zu sehen.

Geliebte Maria, geliebte Mutter.

Ich rufe dich in meine Gegenwart.

Meine Gedanken sind still.
Dein Herz offenbart sich meinem Herzen.

Ich beuge mich deiner Liebe
und lege mein Haupt in deine Hände.

Ich erbitte deinen Segen
und deinen Schutz für diesen Tag und für diese Stunde.

Mögen meine Hände deine Arbeit vollbringen.
Möge deine Anmut meine Schritte lenken.
Möge dein Lächeln meine Lippen benetzen.
Möge dein Frieden mein Herz berühren
und ein Licht sein für diese Welt.

Mögen sich meine Worte und Taten
dieses Segens würdig erweisen.

Möge meine Liebe die Welt von ihren Wunden heilen.

Möge mein Augenlicht alles segnen
und die Vollkommenheit in allem erkennen.

Möge meine Dankbarkeit überfließen
zu allen Menschen und Welten.

Maria Magdalen

Maria Magdalen verkörpert das Licht der Göttin und die Heilkraft weiblicher Macht. Sie lehrt uns, Vergebung zu finden für allen Schmerz und alles Leid. Durch ihre Liebe finden wir Erlösung und den inneren Frieden, der uns erneut mit Gott versöhnt.

Umhüllt von ihrer Liebe finden wir die Kraft, unsere Wunden anzuschauen, Verantwortung zu bekennen und uns selbst zu heilen. Sie erinnert uns daran, dass es jetzt an der Zeit ist, die eigene Göttlichkeit zu leben und das Leben als das anzuerkennen, was es für uns ganz persönlich bedeutet.

Befreit von allen Urteilen und Bewertungen sehen wir das Ziel allen Lebens vor uns und beugen uns in Weisheit und Demut der Größe unserer Seele. Maria Magdalen reicht uns die Hand, in unser Herz einzukehren und in unserer eigenen Liebe Platz zu nehmen.

In ihrer Gegenwart erfahren wir Kraft, wenn Zweifel und Unentschlossenheit uns bedrängen. Wir erfahren Vertrauen, wenn jegliche Hoffnung scheinbar entschwunden ist. Sie ist der Leuchtturm, der uns den Glauben zu uns selbst finden lässt.

Maria Magdalen ist eine der großen Seelen, die uns auf dem Weg zurück zur Quelle begleiten. Ihre Liebe ist unerschöpflich und unbeirrbar. Sie durchdringt unsere Seele und alle Tiefen unseres Wesens. In ihrer Gegenwart erinnern wir uns der eigenen Göttlichkeit.

Maria Magdalen, geliebte Schwester, Licht der Göttin.

Ich rufe dich in meine Gegenwart.

Mein Herz sei umhüllt von deiner Liebe.
Meine Seele umstrahlt von deiner Liebe.

Deine Hände salben alle Wunden.

Ich bin bereit, mir zu vergeben
und Frieden zu finden mit der Welt.

Ich bin bereit,
durch dich Vergebung zu empfangen
und sie all jenen zu schenken,
die alter Schmerz fesselt und in Dunkelheit kettet.

Tief berührt, für alle Zeit verwandelt,
erblicke ich die Welt in Demut.

Licht und Schatten sind eins.
Der Schleier wird emporgehoben.

Wir sind vereint in Gott.

El Eleazar

El Eleazar hat sich vor Jahrtausenden dem Licht des Christus verpflichtet. Er herrscht über die große Tempelanlage der Priesterschaft des diamantenen Lichts, das von dort unablässig in alle Sphären strömt, und begleitet die Völker dieser Galaxis auf ihrem Weg zurück zur Quelle. Alle Frequenzen, alle Schwingungen und alle heiligen Flammen werden im Herzen El Eleazars vereint.

Er schenkt uns die Kraft, alle Ebenen unseres Bewusstseins in ihrer Ganzheit anzuerkennen. Seine Gegenwart lässt uns spüren, wie alle unsere Leben unsere Seele geformt haben. Wir werden uns erneut bewusst, wie einzigartig das Leben auf der Erde ist, und zugleich öffnen wir unseren Geist für Inkarnationen in anderen Welten.

El Eleazar geleitet uns zur ewiglichen Flamme unseres Herzens. Wir sind eins mit allem und alles ist in uns.

Wir erinnern uns daran, wie es in unserer eigenen Absicht lag, unser Bewusstsein auszudehnen und diese Vielzahl von Erfahrungen zu durchleben.

Für einen Augenblick haben Zeit und Raum für uns keine Bedeutung mehr. Wir sind verbunden mit der Liebe, aus der alles geboren wurde, und wissen, dass wir dorthin zurückkehren.

El Eleazar herrscht über alle Planeten dieser Galaxis, die sich bereitmachen, ihr Bewusstsein in das Licht des Christus zu erheben. In seiner Gegenwart öffnen wir unsere Seele dem Licht der Sterne und erinnern uns unserer Herkunft.

El Eleazar, Herrscher des diamantenen Lichts.

Ich rufe dich in meine Gegenwart.

Berühre mein Herz und meine Seele.

Ich beginne dein Licht zu atmen.
Sonnenfeuer durchdringt meinen Geist.

Lass mich durchschreiten alle Schleier des Vergessens
und geleite mich zum Tor der Ewigkeit.

Geleite mich zum Anfang der Welt.
Lass mich erblicken alle Sterne.

Alles ist Licht.
Alles ist Liebe.

Alles kehrt zum Ursprung zurück.

Erzengel Raphael

Erzengel Raphael erinnert uns daran, dass wir in jedem Augenblick unseres Lebens die freie Wahl haben. Wir können wählen, unserer Angst nachzugeben oder die Einheit allen Lebens anzuerkennen. Wir können wählen, aus unserer Schwäche heraus zu handeln oder unserer Stärke Ausdruck zu verleihen.

Die Gegenwart Erzengel Raphaels erhebt unser Bewusstsein über die gewohnten Betrachtungsweisen hinaus. Alles kehrt in die Ganzheit unseres Herzens zurück und wir wissen, dass es niemals eine wirkliche Trennung gegeben hat. Ohne Bewertung, ohne Zweifel und ohne Furcht blicken wir auf unser Leben. Jede Wahl, die wir getroffen haben, wurde aus Liebe geboren.

Wir sind die Spiegel für Alles-was-ist. Alles, was wir sind, spiegelt sich beständig in allem, was wir wahrnehmen. Alles ist untrennbar miteinander verbunden.

Wir beginnen die Vollkommenheit zu fühlen, die jeden Tag in jedem Moment unseres Daseins für uns bereithält. Es wird uns bewusst, dass alle Erfahrungen letztendlich dazu führen, jeden Aspekt unseres Selbst zu betrachten und als Ausdruck göttlichen Bewusstseins anzuerkennen.

Erzengel Raphael begleitet uns stets, wenn wir uns bereit-machen, die Pforten der nächsten Initiation zu durchschreiten. Seine Gegenwart fordert uns auf, unbeirrbar unserer eigenen Wahrheit zu folgen und der Stimme unseres Herzens zu vertrauen.

Erzengel Raphael erinnert uns in diesen Tagen der Wandlung daran, dass Dankbarkeit der mächtigste Schlüssel zu unserer Heilung und dieser Welt ist. Öffnen wir uns für Dankbarkeit, so öffnen wir uns für die Liebe, die wir sind.

Erzengel Raphael.

Ich rufe dich in meine Gegenwart.

Ich wähle jetzt, frei zu sein.
Ich wähle jetzt, eins zu sein.

Ich empfange in Dankbarkeit.
Ich erschaffe in Dankbarkeit.

Dankbarkeit fließt hinab zum Herzen der Erde.
Dankbarkeit fließt empor zum Herzen der Himmel.

Dankbarkeit strömt zu allen Menschen,
zu allen Wesen und zu allen Welten.

Ich wähle jetzt, Licht zu sein.

Dankbarkeit strömt zu mir empor.
Dankbarkeit strömt zu mir herab.

Dankbarkeit strömt durch alle meine Glieder,
strömt durch meinen Geist,
strömt durch mein Herz
und verbindet mich mit Allem-was-ist.

Ich wähle jetzt, Liebe zu sein.
Ich wähle jetzt, alles zu sein.

Lord und Lady Arkturus

Die Arkturianer gehören zu den Verbündeten der Sternenallianz. Gemeinsam mit dem Ash´tar-Kommando haben sie die Erde über viele Jahre hinweg beschützt und daran mitgewirkt, die Kristallgitter der Erde neu auszurichten.

Im Jahr 2003 hat die Erde begonnen, in die Einheit allen Lebens zurückzukehren. So wie sie sich ihrer eigenen Ganzheit bewusst wird, so beginnen auch wir, uns der Einheit allen Lebens zu erinnern.

Akzeptieren wir die Verantwortung für unser spirituelles Erwachen, so werden wir uns zuallererst der Aspekte bewusst, die sich in Disharmonie zu unserer Erinnerung an diese Einheit befinden. Deutlich spüren wir die Strukturen, die wir erschaffen haben, um auf der Erde in diesem und vielen anderen Leben die Erfahrung der Getrenntheit zu erfahren.

Zu wissen, dass wir uns eigentlich nur selbst begegnen oder dass es nichts gibt, das ohne unser Einverständnis erschaffen worden ist, fühlt sich selten wirklich ermutigend an. Es erfordert tägliche Disziplin, Durchhaltevermögen, Unterscheidungsfähigkeit und auch den Mut, manchmal ins kalte Wasser zu springen, um herauszufinden, wer wir wirklich sind. Im Angesicht unserer inneren Dämonen, der Ängste, die uns von unserer Essenz fern halten, der Muster, mit denen wir uns weiter unsere eigene Kraft verweigern, oder schlichtweg des Selbstmitleids, das an jeder Ecke lauert, kann unser Herz schon mal verzagen.

Bitten wir in diesen Zeiten des Erwachens um den Beistand von Lord und Lady Arkturus, so finden wir stets die Kraft, die es braucht, um weiterzugehen.

Die Arkturianer gehören zu den Völkern dieser Galaxis. Seit vielen Jahren begleiten sie uns Menschen auf unserem Weg ins Licht und haben für uns viele Werkzeuge erschaffen. Zu den machtvollsten Instrumenten gehören die Kristallkammern der Heilung. Jederzeit können wir darum bitten, dort ruhen zu dürfen, um uns zu erneuern und uns auf das Licht, das wir sind, auszurichten.

Lord und Lady Arkturus.

Ich rufe euch in meine Gegenwart.

Ich rufe die arkturianischen Kristallkammern herab
und gebe jetzt mein Einverständnis,
in ein Bad aus vielfarbenen Kristallen gelegt zu werden.

Ich öffne mein Bewusstsein und erlaube,
dass alle Angst, alle Furcht, alle Zweifel, alle Traumen,
die ich in dieser oder in anderen Inkarnationen jemals hatte,
jetzt von mir abgewaschen werden.

Ich öffne mich für das Bewusstsein,
das jenseits der Getrenntheit liegt.
Ich öffne mich für meine Ich-bin-Gegenwart.

Ich erbitte Segen und Heilung und bin bereit,
jetzt alle Gedanken, Glaubenssysteme und Programmierungen,
seien es eigene oder fremde, loszulassen.
Ich bin frei.

Ich öffne mich für das Licht, das ich bin.

Ich öffne mich für Vergebung.
Ich öffne mich für bedingungslose Liebe.
Ich bin in Frieden mit der Schöpfung und dem Schöpfer.

Das arkturianische Volk hat seine eigene Entwicklung in das Licht des Christusbewusstseins vollendet. Ihr Wissen teilt es mit allen Völkern, die bereit sind, in die Einheit allen Lebens zu erwachen.

Lord und Lady Arkturus.

Ich rufe euch in meine Gegenwart.

Ich rufe die arkturianischen Kristallkammern herab
und öffne mein Bewusstsein.

Mein Herz ist eins.
Ich bin eins mit meinem Herzen.

Meine Seele ist eins.
Ich bin eins mit meiner Seele.

Mein Geist ist eins.
Ich bin eins mit meinem Geist.

Mein Herz,meine Seele und mein Geist sind eins.
Ich bin eins mit allem,was ich bin.

Ich öffne mein Bewusstsein.

Mein Herz ist eins mit allen Herzen.
Alle Herzen sind ein Herz.

Meine Seele ist eins mit allen Seelen.
Alle Seelen sind eine Seele.
Ich bin eins mit Allem-was-ist.

Wir erwachen und werden uns der Ganzheit unserer Seele bewusst. Ideen, Glaubenssätze oder Vorstellungen, die für uns die Illusion der Getrenntheit aufrecht erhielten, haben nun ihre Aufgabe vollendet.

Lord und Lady Arkturus.

Ich rufe euch in meine Gegenwart.

Ich rufe die arkturianischen Kristallkammern herab
und öffne mich dafür,
Verantwortung für mein Wohlergehen zu übernehmen.

Ich bitte um Reinigung, Klärung,
Neuausrichtung und Regenerierung
aller fein- und feststofflichen Körper,
aller Chakren, Meridiane und Nadis.

Ich öffne mich für Mitgefühl und für das Bewusstsein,
dass ich mit allem verbunden bin.
Ich bitte um Reinigung, Klärung und Neuausrichtung
des physischen Körpers und des emotionalen Körpers,
des mentalen Körpers und des spirituellen Körpers,
des ätherischen Körpers und der Aura.

Ich öffne mich dafür,
mit allem eins zu sein und mich in allem zu erkennen.

Ich bitte um Regenerierung aller Verbindungen
zwischen den fest- und feinstofflichen Körpern.

Ich öffne mich für das Licht und die Liebe meiner Seele.

Ich öffne mich dem Licht des Christus.

Erzengel Michael

Erzengel Michael erinnert die Menschen an ihre Kraft, sich beständig der göttlichen Liebe hinzugeben. Er verbindet uns mit der Ganzheit unseres Wesens. In seiner Gegenwart fühlen wir die Stärke, die uns zu eigen ist, und den Willen, der uns hierher brachte. Erneut verbinden wir uns mit der Liebe zu allem Leben. Wir finden den Mut, uns selbst so zu lieben, wie wir sind. Wir ruhen in uns, leben unsere Wahrheit und wir sind eins mit unserem Herzen.

Das Geschenk Erzengel Michaels ist, dass wir einfach ganz wir selbst sein können. In seiner Gegenwart können wir alles, was wir sind, zulassen, alle Gefühle, alle Gedanken, alles, was wir vor uns selbst verbergen, und alles, was niemand über uns wissen darf. Alles, was wir weggesperrt haben, und alles, was wir selbst schon zu vergessen gehabt glaubten.

In seiner Gegenwart blicken wir hinter die Schleier und betrachten die Facetten der zahlreichen Spiegelbilder unserer Seele ohne Bewertung. Wir sehen in die Schatten und enthüllen, was in Dunkelheit lag. Wir fühlen, was wir fühlen, ohne uns selbst ausgeliefert zu sein oder erneut unsere Macht zu verneinen.

Wir sind die Herrscher unseres eigenen Lebens und bereit, jetzt für dieses Leben Verantwortung zu übernehmen. Es liegt in unserer eigenen Macht und unserem eigenen Willen, in unser Herz einzukehren und dort jederzeit zu verweilen.

Es liegt an uns, den inneren Frieden zu erlangen, der uns sicher durch die Stürme des Erwachens geleitet und der uns jeden Tag an die Liebe erinnert, die der Ursprung allen Lebens ist.

Erzengel Michael herrscht über die Hierarchie der Erzengel. Er trägt das flammende Schwert göttlicher Liebe und Wahrheit. Er beschützt das Licht des einen Herzens, durch das alle Herzen miteinander verbunden sind.

Werden wir von seinem flammenden Schwert berührt, so hat die Vergangenheit keine Macht mehr über unser Leben. Wir erinnern uns der Liebe, die wir sind, und finden in unser eigenes Herz zurück.

Erzengel Michael.

Ich rufe dich in meine Gegenwart.

Ich rufe dich in mein Herz.

Die Farben meiner Welt verblassen –
alles ist Licht.

Dein strahlendes Antlitz enthüllt göttliches Licht.

Deine schützende Hand
geleitet mich sicher durch das Unbekannte.

Dein Segen strömt herab auf mein Haupt
und entzündet das Feuer meiner Seele.

Ich bin bereit.

Das Licht allen Lebens ist in mir.

Ich bin die Quelle aller Liebe.

Erzengel Luceel und
Erzengel Jophiel

Erzengel Luceel und Erzengel Jophiel bewahren die Siegel des Christusbewusstseins. Sie begleiten uns auf unserem Weg, die Tore in unserem eigenen Herzen aufzuschließen. Sie lehren uns, unsere Macht weise anzuwenden, die scheinbaren Gegensätze unserer Persönlichkeit und unseres Charakters zu vereinen und uns ganz der Liebe hinzugeben, die wir sind.

In ihrer Gegenwart spüren wir die Kraft, jegliche Getrenntheit zu überwinden, alles, was verloren war, zu finden und in unsere Seele zurückzurufen und alles, was ausgegrenzt war, in Liebe anzunehmen. Sie zeigen uns den Weg, Alles-was-ist in uns selbst zu erkennen und anzunehmen.

Erzengel Luceel und Erzengel Jophiel betrachten unser Herz in ihrer unermesslichen Liebe und lassen uns die Größe unserer eigenen Liebe erahnen. Öffnen wir uns für diese Liebe, so öffnen wir uns für die größte Macht dieses Universums und begreifen, dass unsere Fähigkeit, diese Liebe zu verbergen und in manchen Leben den Weg der Schatten gewählt zu haben, einen Aspekt dieser Liebe darstellt.

Erkennen wir diese Liebe an, spüren wir diese Liebe von ganzem Herzen, so ist es ein Leichtes, uns als das göttliche Geschenk anzunehmen, das wir selbst dieser Welt darbieten.

Alles existiert in uns und durch uns.

Erzengel Luceel ist der aufgestiegene Lucifer. Er ist von seinem Dienst auf der Erde zurückgekehrt und wacht nun an der Seite von Metatron über die Heimkehr aller Welten in das Licht göttlicher Liebe.

Einst war seine Liebe so groß, dass er bereit war, sein Licht vor sich selbst zu verbergen, um der Menschheit die irdische Schule des Vergessens und des freien Willens zu erbauen.

Erzengel Jophiel verkörpert das Licht der Schöpfung, das sich in sich selbst erkennt. In seiner Liebe verbindet er das Wissen um die Einheit allen Lebens und berührt damit das Herz der Menschen.

Er erinnert uns daran, dass wir Licht sind.

Erzengel Jophiel.

Ich rufe dich in meine Gegenwart.
Ich bin Licht.

Erzengel Luceel.

Ich rufe dich in meine Gegenwart.
Ich bin Schatten.

Alles, was getrennt war,
ist vereint.

Alles, was verloren war,
ist gefunden.

Alles, was in Liebe herabgestiegen ist,
ist auferstanden.

Erzengel Haniel

Erzengel Haniel entbindet unser Herz von allen Zweifeln und weist der Seele den Weg, Himmel und Erde in dieser Welt zu vereinen. Wir selbst werden zu einem Tor göttlichen Lichts und sind erfüllt von einer allumfassenden Liebe.

Diese Liebe offenbart das Geschenk der Gnade. Sie wird uns zuteil, da wir bereit sind, die Vergangenheit sich selbst zu überlassen. Wir übergeben Gott jede Erinnerung an unser Leben bis zu diesem Augenblick.

Wir geben uns hin.

Wir sind bereit, uns selbst zu verschenken und unsere Liebe mit allen Menschen zu teilen.

Ein Leben in Gnade zu führen befähigt uns, unser eigenes Herz unendlich weit auszudehnen. Wir können die Menschen, denen wir begegnen, einladen, in unserem Herzen Platz zu nehmen, und ihnen die Gnade erweisen, die uns selbst zuteil wurde. So erfüllen wir unser Versprechen, das wir uns selbst vor Jahrtausenden gegeben haben.

Wir sind das Licht göttlicher Liebe. Wir sind hier, um dieses Licht zu erfahren und es weiterzureichen. Dies ist der Weg, den unsere Seele gewählt hat.

Erzengel Haniel befreit uns von aller Last. Er reicht uns die Hand, uns mit der Essenz unseres Wesens zu vereinen. Wir sind aus der Liebe erschaffen, die wir in unserem eigenen Herzen bewahren.

Erzengel Haniel offenbart die Herrlichkeit Gottes. In seiner Gegenwart werden wir uns der Vollkommenheit der Schöpfung gewahr.

Wir erinnern uns, dass alles aus Liebe geboren wurde und wir diese Liebe sind. Wir erwachen und fügen uns der Allmacht Gottes.

Erzengel Haniel.

Ich rufe dich in meine Gegenwart.

Umhüllt von den Schwingen deiner Liebe
ruhe ich in deinen Händen.

Du hebst mich empor in deinem Licht
und ich blicke herab auf mein Leben.

Frieden kehrt ein in mein Herz.

Ich öffne mich deiner Erhabenheit
und deiner Stärke.

Die Schatten der Vergangenheit schwinden im neuen Morgen.

Alles erwacht.

Ich lebe.

Erzengel Raziel

Erzengel Raziel erhebt unser Bewusstsein aus der Dunkelheit. Er wacht über die Abgründe der Schöpfung, die Irrgärten des Vergessens und den Schmerz.

Schmerz zu erfahren ist Teil dieser Welt. Schmerz ist eine Illusion, die uns lähmen oder vorantreiben kann. Sie kann uns zerstören oder uns reifen lassen. Sie kann uns inspirieren, über uns selbst hinauszuwachsen, oder uns dazu bringen, einen Weg zu wählen, der Sicherheit vortäuscht.

Ohne die Abgründe, die sich unserer Seele zeigen, die Schatten, die uns herausfordern, könnten wir kaum herausfinden, was es heißt, einen freien Willen zu haben. Ohne diese Erfahrung wäre unser Leben auf der Erde bedeutungslos und verschwendet.

Wie könnten wir wählen, ohne eine wirkliche Alternative zu haben?

Es ist eine der schwersten Übungen, alle Erfahrungen in ihrer Ganzheit anzuerkennen. Sind wir in der Bewertung unserer Erfahrung gefangen und fürchten wir, erneut Schmerz zu erfahren, so stehen uns zwei Möglichkeiten zur Verfügung.

Wir können unsere Gefühle verbannen und mit ganzer Kraft versuchen, unser Leben und das aller anderen Menschen zu kontrollieren. Oder wir treten ein in die Stille des Herzens, entsagen allen Ablenkungen und finden den Mut, in die tiefste Dunkelheit unserer Seele hinabzusteigen.

Der Schlüssel zu unserer Ganzheit liegt darin, das zu fühlen, was uns wirklich bedrängt und was die Ursache unserer wahren Furcht und Zweifel ist.

In diesen Augenblicken ist es Erzengel Raziel, der uns die Hand reicht und das Licht entzündet, das uns zurück zu den Sternen führt. Wir sind wieder geboren.

Erzengel Raziel entbindet uns von jeglicher Furcht, seine Macht bannt jeden Schrecken und alle Schatten. Seine Liebe berührt die tiefsten Abgründe unserer Seele. Wir erinnern uns unserer Ganzheit.

Seine Liebe erlöst alle Furcht und befreit uns aus der Dunkelheit des Vergessens. Sternenglanz umhüllt unser Herz und wir erlangen Erlösung.

Erzengel Raziel.

Ich rufe dich in meine Gegenwart.

Ich bitte dich, mir beizustehen
in Zeiten der Prüfung und der Not.

Du trägst mich zurück zu den Sternen,
damit ich mich meiner Herkunft erinnere.

Alle Furcht schwindet.

Alle Angst ist gebannt.

Aller Zweifel ist erlöst.

Das Licht von tausend Sonnen strömt in meine wunde Seele.

Hoffnung wird entfacht in meinem Herzen.

Ich bin frei von allem Leid.

Voller Demut kehre ich zurück in diese Welt.

Dankbarkeit erfüllt mich
und ich öffne mich für deinen Segen.

Erzengel
Sandalphon

Erzengel Sandalphon bewahrt in seinem Herzen unsere Liebe zur Erde. Verbunden mit ihm erinnern wir uns, warum wir hier sind. Stets hat uns Liebe hierher geführt, und diese Liebe war so groß, dass wir eingewilligt haben, erneut die Spiegel der Getrenntheit zu durchwandern.

Er erweckt diese Liebe in unserem Herzen. Dies ist der Schlüssel, den er für uns bereithält. Ein Schlüssel, der alle Tore aufschließt, die unsere Seele erdacht hat, um hier zu sein und diesen wundervollen Planeten in die Einheit von Allem-was-ist, zurückzuführen.

Erzengel Sandalphon erhebt unseren Geist über alle Begrenzungen hinweg. Wir beginnen zu unterscheiden zwischen dem, was wir uns wünschen, dem, was wir wollen, und dem, was wir beabsichtigt haben zu lernen. Wir bringen unser Leben in Einklang mit der Absicht, die uns hierher geführt hat.

Auf diesem Weg erlösen wir das, was uns selbst einst gebunden hat. Ein letztes Mal berührt uns Angst, Schmerz und Einsamkeit, und dann sind wir dazu bereit, hinter den Schleier aller Illusionen zu blicken.

Wir treten auf die Bühne des Lebens und sind bereit, unser Bestes zu geben.

Wir sind diese Welt.

Erzengel Sandalphon ist Hüter der Erde und ihrer Geschöpfe. Seine Gegenwart erinnert uns daran, dass wir es sind, die die Erde erschaffen haben.

Wir erwachen.

Erzengel Sandalphon.

Ich rufe dich in meine Gegenwart.

Ich rufe dich in mein Leben.

Mir den Weg zu zeigen,
der allen Menschen dient.

Mir den Weg zu zeigen,
der alles Leben achtet.

Mir den Weg zu zeigen,
der Einklang bringt mit den irdischen Kräften dieser Welt.

Ich rufe dich in mein Leben.

Mir den Weg zu zeigen,
um denen zu folgen, die vor mir gingen.

Leite meine Schritte.

Mein Herz öffnet sich.

Meine Seele wird offenbart.

Mein Geist ist frei.

Gaia

Gaia ist unsere Erde. Ihr Bewusstsein umfasst alles Leben auf unserem Planeten. Alle Natur verkörpert einen Aspekt ihres Wesens, alle heiligen Plätze dieser Welt sind ihr geweiht und verbinden uns mit ihrer Liebe.

Wie wir bereitet sich Gaia auf die Heimkehr vor. Neue Energien beginnen, durch ihren Leib und ihr Bewusstsein zu strömen, die die Einheit allen Lebens nähren.

Verbinden wir uns mit dieser höheren Schwingung, so wird unsere eigene Ganzheit genährt. Verbleiben wir in Angst, so finden wir in dieser Welt immer weniger Rückhalt. Wir sind eingeladen, erwachsen zu werden und für uns selbst Verantwortung zu übernehmen.

Jahrtausendelang hat Gaia uns behütet und uns die Gelegenheit geschenkt, ein Bewusstsein außerhalb der eigenen Göttlichkeit zu erfahren. Nun sind wir gereift und tragen dieses Wissen zurück zu unserem eigenen Ursprung: zu den Sternen, aus denen wir geboren wurden.

Gaia und die Menschheit werden weiter den Weg zurück zur Quelle beschreiten. Jeder Schritt, den sie gemeinsam gehen, wird durch unsere Liebe und die Liebe derer, die vor uns gegangen sind, ermöglicht.

Es ist jetzt an der Zeit, der Erde unseren Dienst zu erweisen und ihr die Liebe zu geben, die sie uns über Äonen geschenkt hat.

Seien wir uns bewusst, dass wir es sind, denen diese Aufgabe obliegt. Beginnen wir, diesen Planeten und alles Leben so zu lieben, wie es ist. Öffnen wir uns der Vision, dass alle Schöpfungen und alle Welten in Harmonie neu zueinander finden und diese Welt gleichberechtigt miteinander teilen.

Gaia ist unsere Mutter. Sie heißt uns willkommen in dieser Welt. Sie erinnert uns daran, dass unser Körper ihr Geschenk an uns ist. Wir sind eins mit allem, was sie ist.

Alle Veränderungen, die sie durchlebt, sind Teil von uns. Alle Veränderungen, die die Menschheit durchlebt, sind Teil ihres eigenen Erwachens.

Gaia, geliebte Göttin allen Lebens der Erde.

Ich rufe dich in meine Gegenwart.

Umarme mich mit deiner Liebe.

Schenke mir den Segen des Wassers.
Schenke mir den Segen der Erde.
Schenke mir den Segen des Windes.
Schenke mir den Segen des Feuers.

Ich bin Wasser.
Ich bin Erde.
Ich bin Wind.
Ich bin Feuer.

Ich bin eins mit all deinen Geschöpfen.

Pan

Pan unterstehen die feinstofflichen Welten der Erde. Er ist der Hüter der Devas und herrscht über die Jahreszeiten, das Wachstum in der Pflanzenwelt und die Geburten des Tierreiches. Seit Anbeginn der Zeit obliegt ihm der Wandel der Erde und ihrer Geschöpfe.

Pan selbst verkörpert einen Aspekt Saint Germains. Wie Saint Germain uns anleitet, nach der Verfeinerung unserer Seele zu streben, so schenkt uns Pan das Wissen um die Lebenskraft selbst. Er lehrt uns, unseren Körper als Gefäß dieser Kraft zu vervollkommnen und mit Ehrerbietung zu behandeln.

Er erinnert uns daran, mit beiden Beinen fest auf der Erde zu stehen. Seine Gegenwart öffnet uns für den Puls des Lebens, der durch alle Schöpfung fließt. Das Leben kann für uns ein kleines ruhiges Bächlein sein oder ein machtvoller reißender Fluss, der über Stromschnellen tanzt und sich in Wasserfällen ergießt.

Wie wir unser Leben gestalten, hängt von vielen unterschiedlichen Dingen ab: davon, was wir in dieser Welt lernen wollen, von dem Stand unseres Bewusstseins, von der Fähigkeit, das Leben so anzunehmen, wie es ist, von der Liebe, die wir bereit sind zu geben und zu empfangen.

Egal wo wie sind, was wir gerade tun und wie wir es tun, durch Pan können wir uns jederzeit mit der Lebenskraft dieses Planeten verbinden und uns daran erinnern, dass diese Kraft durch jede unserer Körperzellen strömt.

Wir sind Teil dieser Welt, so wie diese Welt Teil unseres Lebens ist. Wenn wir uns für die Liebe öffnen, aus der diese Schöpfung beständig wiedergeboren wird, dann finden wir den Weg zur Einheit allen Lebens auf der Erde.

Pan erinnert uns daran, unser eigenes Leben zu achten und mit allen Welten in Einklang zu bringen. Wir sind Teil der Natur und Teil des Bewusstseins dieses Planeten.

So wie wir beginnen, unser eigenes Leben erneut als heilig zu betrachten und unseren eigenen Kräften Respekt zu erweisen, so beginnen wir erneut, im Einklang mit der Welt zu sein.

Pan.

Ich rufe dich in meine Gegenwart.

Führe mich zur Quelle des Lebens.
Freude fliesst in mein Herz.

Führe mich in die Wälder der Ahnen.
Weisheit berührt mein Herz.

Führe mich zu den Gärten der Erde.
Schönheit erfüllt mein Herz.

Lass mich eine Brücke sein
zwischen den Schöpfungen
und zwischen allen Welten des Lichts.

Berühre mich mit deiner Kraft.
Berühre mich mit deiner Liebe.

Alles Leben ist erneuert.

Alles Leben ist gesegnet.

Alles Leben ist heilig.

Die Kristallsonne von Shambala

Die Kristallsonne von Shambala trägt das erwachte Christus-
bewusstsein der Erde in ihrem Herzen. In ihr brennt die
diamantene Flamme des Christuslichts. Sie repräsentiert den
Aspekt der Erde, der bereits vollständig erwacht ist und die
Christusgitter der Erde in die nächsthöhere Frequenz ausrichtet.
Ihr Licht durchdringt das Bewusstsein all derer, die sich der
Einheit allen Lebens gewahr sind. Rufen wir die Kristallsonne
von Shambala in unsere Gegenwart, so finden wir die innere
Ruhe und Ausgeglichenheit, die wir brauchen, wenn es gilt, uns
zu sammeln und unsere Kräfte zu bündeln.

Die Kristallsonne offenbart uns die Vision des eigenen Lebens
im Licht des Christusbewusstseins. Sind wir bereit, uns noch
weiter zu öffnen, so finden wir uns umgeben vom diamantenen
Strahlen ihres Herzens. Hier wird unser Geist geläutert und wir
erblicken die Reinheit der eigenen Seele.

Alles ist vollendet. Alles beginnt.

Shambala ist das geistige Zentrum der spirituellen Regierung der Erde. Hier treffen sich alle Mitglieder der Hierarchie des Lichts und beraten über die Weiterentwicklung der Erde und der Menschheit.

Die Kristallsonne verbindet Shambala mit den Tempeln der höheren Sphären. Sie ist der Leuchtturm, der den Mitgliedern der spirituellen Hierarchie, die hier dienen, den Weg weist und sie beständig ausrichtet auf das Licht der Quelle.

Kristallsonne von Shambala.

Ich rufe dich in meine Gegenwart.

Ich bin ein Meister der Neuen Zeit.
Ich bin eins mit meiner Liebe.

Ich bin ein Tor der göttlichen Quelle.
Ich bin eins mit allem Leben.

Ich bin ein Funke des Christuslichts.
Ich bin eins mit allen Herzen.

Alcyone

Alcyone ist die Zentralsonne unserer Galaxis, sie steht im Sternbild der Plejaden. Diese Konstellation wird aus den Sternen Alcyone, Elektra, Asterope, Celaeno, Maja, Merope und Taygeta gebildet. Das Siebengestirn wird auch die „Sieben Schwestern" genannt. Alcyone ist die älteste der Schwestern.

In ihrem Herzen liegt das Tor, das unsere Galaxis mit dem Licht der Quelle verbindet. Von dort fließt die Liebe, aus der alles geboren wird, weiter durch alle Sternentore der höheren Sphären und zu allem Leben in unserer Milchstraße.

Alcyone ist auch Sitz einer weit verzweigten Tempelanlage der spirituellen Hierarchie. In ihrem Zentraltempel wird die Violette Flamme der Transformation und Wandlung bewahrt, über die der Orden der Priesterschaft der Violetten Flamme wacht.

Seit der Harmonischen Konvergenz am 16. August 2002 verfügen Helios und Vesta, die solaren Logoi, über eine direkte Verbindung zur Violetten Flamme im Tempel der Zentralsonne.

Alcyone, die Zentralsonne unserer Galaxis, spendet unserer Sonne Licht und Segen. Sie ist die Großmutter allen Lebens unserer Milchstraße und das Tor zur Quelle.

Alcyone, Alcyone, Alcyone.

Ich rufe dich in meine Gegenwart.

Mein schöpferischer Geist
erhebt sich
zu deinen Sternen, deinen Sonnen und Planeten.

Mein schöpferischer Geist
erhebt sich
über Zeit und Raum.

Erhebt sich
weit in die Unendlichkeit und wird berührt von Gottes Hand.

Glückseligkeit entströmt in alle Welten.

Ich bin ein Tor der Liebe.

Das eine Herz verbindet alles Leben.

Ich bin ein Tor der Sterne.

Alles Leben entspringt der Quelle.

Ich bin ein Tor des Schöpfers.

Der Rat der 12

Der kosmische Rat der 12 besteht aus Mitgliedern der spirituellen Hierarchie, den Orden, Bruder- und Priesterschaften der
höheren Sphären sowie Vertretern aller Schöpfungen und
Schöpfungslinien. Er wacht über die Entwicklung aller Welten
und wahrt die Verbundenheit allen Lebens mit der Schöpfung.
Ein Anliegen dieses Rates ist es, die Menschheit zu ermutigen,
erneut ihren Platz in den Zyklen des Lebens einzunehmen.

Der Rat der 12 selbst ist kein festes Gremium, sondern ein
wechselndes Gruppenbewusstsein, dessen Mitglieder entsprechend den   Anforderungen der spirituellen Hierarchie
zusammenkommen und auf allen Ebenen der Schöpfung
agieren.

Der Rat der 12, der die spirituelle Regierung der Erde in
Shambala unterweist, wird aus Mitgliedern des Amtes des Maha
Chohan, den Herren des Karma, den Hütern der Zeit, den
Wächtern der Tore, der Priesterschaft der Violetten Flamme, der
Bruderschaft der Magi, der Bruderschaft der Melchizedek, den
Hütern des Grals, dem Ashram der 7 Strahlen und Sananda
Kumara gebildet.

Der kosmische Rat der 12 umfasst die Sphären aller Welten. Durch ihn können wir uns mit der Ganzheit unseres Wesens verbinden und in die Einheit allen Lebens erwachen.

Unsere Ich-bin-Gegenwart liegt außerhalb der Zeit- und Raumbegrenzung unseres irdischen Bewusstseins. Sie besteht aus zwölf Seelen-Aspekten, die sich in zwölf weitere Seelen-Funken entfalten. Die Gesamtheit dieses Bewusstseins wird auch „Monade" genannt.

Verbinden wir uns bewusst mit der Ganzheit unseres Selbst, so erhalten wir Zugang zu dem Wissen und den Erfahrungen all unserer Leben

Rat der 12.

Ich bin bereit zu erwachen.

Ich rufe jetzt herab
meine machtvolle Ich-bin-Gegenwart
und öffne mich der Ganzheit meines Wesens.

Ich rufe herab
das Licht meiner Seele
und öffne mich allen Ebenen meines Bewusstseins.

Ich öffne mich für alles, was ich bin, war
oder jemals sein werde,
durch alle Zeiten und Räume und Dimensionen hinweg

Ich öffne mich der Quelle
und verbinde mich mit allem Leben.

Ich bin der ich bin.
Ich bin der ich bin.
Ich bin der ich bin.

Alles fließt zusammen.
Alles kehrt zum Ursprung zurück.
Alles Leben ist heilig.

Ich bin der Anfang und das Ende.

Metatron

Metatron ist das Prinzip der Schöpfung. Er verkörpert den Weg des Lichts in Form und initiiert den Akt der Bewusstwerdung. Seine Macht erhält das Gleichgewicht der Kräfte, die dieses Universum regieren.

In unserem Universum existieren unendlich viele Ebenen. Jede dieser Ebenen unterliegt verschiedenen Gesetzmäßigkeiten und wird von einer Matrix zusammengehalten. Die Matrix selbst verfügt über kein eigenes Bewusstsein. Sie ist vielmehr ein Speicher, in dem die Codes verankert werden, die allem Leben den Weg zurück zur Quelle weisen.

Unsere Welt ist im Christusbewusstsein verankert. Während des Ereignisses, das wir den „Fall von Atlantis" nennen, wurde diese Matrix auf der Erde zerstört. Ihre Rekonstruktion ist jetzt abgeschlossen und sie kann nun vollständig aktiviert werden.

Rufen wir Metatron in unsere Gegenwart, wird unser Bewusstsein in das Licht Gottes emporgehoben. Alles, was wir sind, wird erneut auf die Quelle ausgerichtet. Unsere Verbindung mit dem Licht des Christusbewusstseins wird erneuert und auf der Zellebene unseres physischen Körpers verankert.

Sind wir bereit, das Licht des Christus zu empfangen, öffnen sich nach und nach die Zentren unserer Lebenskraft (Chakren) für höher schwingende Frequenzen. Wir lernen, unsere fein- und feststofflichen Körper zu balancieren, und aktivieren das Zellgedächtnis unseres physischen Körpers.

Strukturen, die bis jetzt die Illusion der Getrenntheit aufrecht erhalten haben, werden transformiert und ihrer Macht entbunden. Wir öffnen uns für die Ganzheit.

Wir sind Licht.

Metatron ist der höchste aller Engel und steht neben dem Thron Gottes. Er ist der Verkünder göttlicher Wahrheit und Ausdruck unmittelbarer schöpferischer Kraft. Seine Macht umfasst alle Schöpfungen, alle Schöpfungslinien und alle Wesen.

Metatron. Metatron. Metatron.

Ich rufe dich in meine Gegenwart.

Mein ganzes Wesen wird jetzt
von deinem glanzvollen Licht berührt.

Mein ganzes Wesen ist jetzt
mit deinem Strahlen vereint.

Mein ganzes Wesen wird jetzt eins
mit deiner Macht,
deiner Schönheit
und deiner Vollkommenheit.

So sei es und so ist es.

Melchizedek

Melchizedek ist das allumfassende Bewusstsein dieser gesamten Schöpfung. Alles, was war, ist oder sein wird, verbindet sich in seinem Herzen zur Einheit allen Lebens.

In seiner Gegenwart wird uns bewusst, dass wir all dieses Leben sind, dass Alles-was-ist in uns und durch uns existiert.

Wir sind ein Tor, durch das beständig göttliches Licht in alle Welten strömt und in Liebe berührt.

Öffnen wir uns für seine Liebe, so öffnen wir uns für unsere eigene Liebe, aus der wir geboren wurden. Wir sind eins mit allem, was wir waren, sind und sein werden. Wir öffnen unser Bewusstsein über alle Vorstellungen von Raum und Zeit hinweg und beginnen die Macht zu fühlen, die durch unsere Adern fließt.

Wir brauchen die Größe unserer ganzen Seele, um diese Macht zu beherrschen und die Gesamtheit von allem, was wir sind, die Einheit von Allem-was-ist, in uns selbst wahrhaftig anzuerkennen.

Öffnen wir unser Herz für das Licht des Christus, das Licht der Welt und das Licht aller Welten, können wir neben Melchizedek treten und die Liebe erfahren, die er durch uns offenbart.

Die Liebe Melchizedeks umfasst alles Leben in diesem Universum. Er hält diese Schöpfung in seinem Herzen. Alles, was geschieht, geschieht durch ihn.

Wir sind Teil seiner Seele, ein Funke der unsterblichen Flamme, aus der alles Leben in dieser Welt geboren wurde. Durch ihn sind wir eins mit Allem-was-ist.

Melchizedek, Melchizedek, Melchizedek.

Ich rufe dich in meine Gegenwart.

Du bist die Mitte allen Lebens und aller Schöpfung.

Ich erbitte deine Macht, mir die Kraft zu schenken,
jetzt weiterzugehen.

Ich erbitte deine Macht, mir die Kraft zu schenken,
mich selbst jetzt zu lieben, so wie ich bin.

Ich erbitte deine Macht, mir die Kraft zu schenken,
mich Gott jetzt zu offenbaren.

Ich öffne mich für die Liebe,
aus der alles geboren wurde.

Ich öffne mich für das Licht,
aus dem alles erschaffen wurde.

Ich öffne mich für alles,
was mein Weg mir bereit hält,
damit ich mich in allem erkenne.

So sei es und so ist es.

Mahatma

Der Mahatma ist der Urfunke allen Lebens und wird zu Beginn jeder neuen Schöpfung entzündet. Er begleitet alles Licht auf der Reise zwischen der Quelle und den Rädern der Manifestation. Diese Räder enthalten die Baupläne und Matrizen dieses Universums und ermöglichen der Schöpfung, Gestalt anzunehmen.

Sein Bewusstsein umfasst die Gesamtheit allen Lebens auf jeder Ebene dieses Universums. Er bereitet den Weg, der es der Schöpfung ermöglicht, sich von der Quelle fortzubewegen und zu ihr zurückzukehren. Durch ihn strömt der göttliche Atem, der Licht in Liebe und Liebe in Licht verwandelt.

Der Mahatma verbindet alle Sphären und Dimensionen zu einem gemeinsamen Bewusstsein. Dieses Bewusstsein schenkt allen Welten, allen Spezies und allen Planeten das Wissen um den Ursprung, aus dem alles erschaffen wurde.

Begegnen wir dem Mahatma, so erblicken wir die Unsterblichkeit der eigenen Seele. Jedes Leben fügt sich ein in die Gesamtheit aller Leben. Jede Erfahrung vervollkommnet die Gesamtheit aller Erfahrungen.

Wir sind, was wir sind, in jedem Augenblick unseres Lebens. Wir sind das, was wir gewählt haben zu sein.

Der Mahatma umfasst alles Bewusstsein dieses Universums. Er umfasst alle Dimensionen, alle Sphären und alle Ebenen. Er berührt alle Seelen.

Seine Gegenwart offenbart die Unendlichkeit der Schöpfung.

Mahatma.

Ich rufe dich in meine Gegenwart.

Ich öffne meinen Geist,
um zu verschmelzen
mit dem Bewusstsein von Allem-was-ist.

Ich öffne mein Herz,
um zu verschmelzen mit der Liebe
von Allem-was-ist.

Ich öffne meine Seele,
um zu verschmelzen
mit Allem-was-ist.

Alles, was ich bin,
alles, was ich je war,
und alles, was ich je sein werde,
verschmilzt jetzt zu einem Bewusstsein.

Alles, was war,
alles, was ist,
und alles, was je sein wird,
strahlt durch mich hinaus in die Welt.

Ich bin der Atem der Schöpfung.

Maitreya

Maitreya verkörpert das Licht dieser Welt. Dies ist das Licht des Christus, das Licht der Krönung, das uns berührt, da wir uns daran erinnern, dass wir eins mit allem sind und alles eins mit uns ist. Wir sind alles Leben. Wir sind alle Liebe. Wir sind alles Licht.

Rufen wir Maitreya in unsere Gegenwart, so erwacht dieser Funke zum Leben. Er beginnt zu brennen und zu lodern. Er umhüllt unser Herz mit der Flamme der Liebe. Eingehüllt in dieses Feuer finden wir die Kraft, diese Welt mit den Augen des Christus zu erblicken.

Wir finden die Kraft und den Mut, hinter jede Angst zu blicken, hinter jede Verletzung und hinter jede Illusion der Getrenntheit. Wir können den Schmerz der Menschen fühlen, ihre Wut und ihre Einsamkeit. Wir können sie in unserem Herzen fühlen und den Flammen unserer Liebe übergeben.

Maitreya steht uns bei, diese Kraft zu entwickeln. Je mehr wir uns selbst für seine Liebe öffnen, desto leichter fällt es uns, diese Liebe zu sein. Wir können unseren eigenen Schmerz in seine Hände legen. Wir können jede Furcht ablegen, erneut zurückgewiesen zu werden. Wir sind frei.

Wir geben unsere Liebe ohne Bedingungen. Wir empfangen Liebe frei von allen Bedingungen.

Durch die Liebe Maitreyas erwacht die Menschheit in das Licht des Christusbewusstseins. Jeder Mensch trägt in seinem Herzen diesen Funken, der jetzt bereit ist, gänzlich zu entflammen.

Das Licht des Christus lehrt uns, beständig im Augenblick zu verweilen. Es ermächtigt uns, bedingungslos zu lieben. Es geleitet uns in das Zentrum unseres Herzens, damit wir Frieden finden mit uns und mit der Welt. Es ist unser machtvollster Verbündeter, da es uns dazu befähigt, uns selbst und anderen zu vergeben.

Maitreya.

Ich rufe dich in meine Gegenwart.

Ich bin das Licht der Welt.

Ich bin das Licht des Christus.

Das Christusbewusstsein der Menschheit

Das Licht des Christus krönt uns im Bewusstsein der Einheit allen Lebens. Durch dieses Licht erlangen wir die Kraft der Vergebung, der bedingungslosen Liebe und des Friedens.

In den vergangenen 2000 Jahren wurde die Menschheit in dieses Bewusstsein erhoben. Das Licht des Christus ist bereit, im Herzen eines jeden Menschen entzündet zu werden.

Wählen wir diesen Weg, so verbinden wir uns mit den Christusgittern der Erde. Diese Gitter umgeben und durchdringen die Erde und verankern hoch schwingende Frequenzen. Sie erzeugen in sich selbst eine Schwingung und stehen in Resonanz mit allen Christusgittern dieser Galaxis.

Das Christusbewusstsein der Menschheit existiert unabhängig von den Christusgittern. Es wurde aus der Liebe der Menschen geboren, die sich zum Licht des Christus bekennen und sich bereit erklärt haben, der Erde auf ihrem Weg in die Einheit allen Lebens zu dienen.

Bitten wir um Einweihung in dieses neue Bewusstsein, so werden wir spüren, dass es uns leichter gelingt, aus Liebe heraus zu handeln und mit unseren Brüdern und Schwestern die Welt in Frieden zu teilen und in Mitgefühl zu betrachten.

Das Christusbewusstsein der Menschheit ist der Schlüssel zum Einen Herzen von Allem-was-ist. Es ist ein neu erschaffenes Gesamtbewusstsein, das jedem Menschen zugänglich ist. Öffnen wir unseren Geist, so können wir uns in diese höheren Frequenzen einschwingen.

Wenn wir selbst beginnen, das Licht des Christus zu verkörpern, wird unser eigenes Bewusstsein von jeglicher Illusion der Getrenntheit entbunden. Wir erlangen unbegrenzten Zugang zu den Christusgittern der Erde und zu allem darin gespeicherten Wissen.

**Ich rufe herab das Bewusstsein der Menschheit
im Licht des Christus.**

Ich rufe herab das Licht des Christus
in alle Ebenen meines Seins.

Ich rufe herab meine machtvolle Ich-bin-Gegenwart.

Ich wähle jetzt, ein Tor zu sein,
und öffne mein Bewusstsein.

Ich öffne mich in Vertrauen.

Ich öffne mich in Liebe.

Ich öffne mich in Unschuld.

Segen durchströmt mich und fließt in die Erde.
Segen durchströmt mich und fließt in die Himmel.
Segen durchströmt mich und fließt zu allen Herzen.
Segen durchströmt mich und fließt zu allen Menschen.

Segen durchströmt mich und fließt in alle Welten.

Die göttliche Quelle

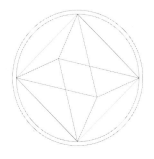

Die göttliche Quelle ist allgegenwärtig und allumfassend. Sie ist der Beginn aller Schöpfung. Sie ist das Licht.

Ihre Gegenwart ruft alles, was wir sind, zu uns. Alle Leben und alle Aspekte, die zu uns gehören. Alles, was wir erschaffen haben, um zu lernen. Alles, was uns gedient hat, zu erwachen. Sie berührt das Licht, das wir sind.

Wir öffnen unser Bewusstsein der Gesamtheit unseres Wesens und nehmen jeden Aspekt unseres Selbst als Teil unserer Einzigartigkeit wahr. Wir bestehen aus Millionen und Abermillionen von Gedanken und Gefühlen, die sich am Ende unseres Lebens zu einem Bild zusammenfügen.

Dieses Bild ist ein Abbild unserer Liebe, eine Erinnerung daran, was wir sind, woher wir kommen und wohin wir gehen. Es ist der unverfälschte Ausdruck unserer Schöpferkraft und der Schöpfung, die wir gewählt haben, um uns selbst zu entdecken.

Die göttliche Quelle ist der Ursprung aller Schöpfung. Alles-was-ist drückt ihre Liebe aus. Alles-was-ist besteht aus Liebe, die danach strebt, sich selbst zu erkennen.

Alles-was-ist kehrt zum Ursprung zurück, um erneut alle Welten zu durchwandern und die Schönheit des Lebens zu berühren.

Göttliche Quelle.

Ich rufe herab meine Seele.
Ich rufe herab göttliches Bewusstsein.
Ich rufe herab das Licht der Schöpfung.

Ich rufe herab alle Aspekte meines Wesens,
aus allen Schöpfungslinien
und allen Welten.

Ich rufe herab alle Seelenanteile
meiner machtvollen Ich-bin-Gegenwart,
aus allen Ebenen und Sphären.

Ich rufe herab meine Begleiter
und Lehrer aus der spirituellen Hierarchie des Lichts,
mich auszurichten auf den Ursprung allen Lebens.

Ich bin alle Liebe.

Ich bin alles Leben.

Ich bin alles Licht.

Ich öffne mich der Ganzheit
allen Lichts, allen Lebens
und aller Liebe.

Sananda Kumara

Wir sind Schöpfer. Wir sind Licht, das danach strebt, sich selbst zu erkennen, sich weiterzuentwickeln und sich erneut mit allem zu vereinen.

Das Licht des Christusbewusstseins verbindet unsere Welt mit der Einheit allen Lebens und bringt das Licht des Schöpfers innerhalb der Schöpfung zum Ausdruck. Es schenkt uns die Kraft, die Zyklen unseres Lebens zu vollenden.

Sananda Kumara hat dieses Licht während seinen irdischen Inkarnationen in das Bewusstsein dieser Welt eingebunden und zuletzt als Jesus der Christus durch die Liebe Maitreyas in den Herzen der Menschen verankert.

Wie unsere Erde und die Menschheit in die Einheit allen Lebens erwachen, so kehren nun viele Welten in die Gemeinschaft der Völker dieser Galaxis zurück. Wir, die wir in den vergangenen 2000 Jahre das Licht des Christusbewusstseins auf der Erde verankert haben, werden nun ihre Lehrer sein.

Sananda Kumara wird uns auf dieser neuen Reise begleiten. Wir machen uns jetzt dafür bereit, das Licht der Vergebung, der bedingungslosen Liebe und des Friedens mit allen Völkern zu teilen.

Dies ist das Geschenk der Erde. Dies ist unsere Liebe.

Alles-was-ist ist Liebe.

Sananda Kumara verkörpert das Licht des Christus. Durch seine Liebe wird dieses Licht genährt und beständig in das Bewusstsein dieser Galaxis eingewoben.

Sananda Kumara.

Ich rufe dich in meine Gegenwart.

Ich öffne mich für Vergebung.
Allen ist alles vergeben.

Ich öffne mich für bedingungslose Liebe.
Allen ist Liebe gegeben.

Ich öffne mich für inneren Frieden.
Alles offenbart die Vollkommenheit der Schöpfung.

Lady Venus
und
Sanat Kumara

Lady Venus und Sanat Kumara sind Meister der weiblichen und männlichen Kraft. Im Jahr 2003 wurde die Erde von einem neuen Bewusstsein der göttlichen Schöpfungsmacht berührt. Alle weiblichen und männlichen Energien, die an die Erfahrung der Getrenntheit gebunden waren, wurden durch das neue Licht der göttlichen Mutter und des göttlichen Vaters erlöst.

Dieses Licht strömt aus dem Herzen der göttlichen Quelle zu allen Welten. Es berührt alle Strahlen, alle Frequenzen und alle Flammen, die der Schöpfung dienen und sie in die Alleinheit allen Lebens einbinden.

Lady Venus und Sanat Kumara haben diese Veränderung durch ihre Liebe zueinander erschaffen und ihr eigenes Bewusstsein mit dem Licht der Quelle vereint.

Sie sind mit Allem-was-ist vereint und dienen jetzt als Brücke zwischen den Welten aller Sphären und dem Licht, aus dem sie geboren wurden.

Rufen wir Lady Venus und Sanat Kumara in unsere Gegenwart, so öffnen wir unser Bewusstsein der Liebe, die alles erlöst, alles vereint und uns in die Ganzheit unseres eigenen Lichts erwachen lässt.

In Lady Venus und Sanat Kumara vereinigt sich die Liebe der männlichen und weiblichen Schöpfungskraft. Unsere eigene Weiblichkeit vereinigt sich mit allem, was männlich ist. Unsere eigene Männlichkeit vereinigt sich mit allem, was weiblich ist. So erheben wir uns über alle Dualität und vereinen in unserem Herzen Himmel und Erde.

Lady Venus und Sanat Kumara.

Ich rufe euch in meine Gegenwart.

Alles, was empfängt,
öffnet sich für Ganzheit.

Alles, was erschafft,
öffnet sich für Ganzheit.

Alles, was vereint,
öffnet sich für Ganzheit.

Alles, was ich bin,
empfängt diese Liebe.

Alles, was ich bin,
erschafft diese Liebe.

Alles, was ich bin,
vereint diese Liebe.

Aus Liebe wird Liebe empfangen.

Aus Liebe wird Liebe erschaffen.

Aus Liebe wird Liebe vereint.

Helios und Vesta

Helios und Vesta vereinen das männliche und weibliche Schöpfungsprinzip unseres Sonnensystems. Sie verbinden das Bewusstsein aller Planeten miteinander und senden uns ihre Liebe und ihr Licht, damit wir erneut in die Einheit allen Lebens erwachen.

Rufen wir Helios und Vesta in unsere Gegenwart, so öffnen wir unseren Geist für die Ganzheit unseres eigenen Lebens. Wir bringen die feinstofflichen Körper unseres höheren Bewusstseins mit unserem physischen Körper in Einklang.

Diese Balance zu erhalten ist zentraler Bestandteil unseres irdischen Lernens. Wir erkennen, dass wir die Einheit von Allem-was-ist in uns selbst finden.

Helios und Vesta sind Aspekte des höheren Bewusstseins der Sonne. Ihre Liebe offenbart uns das Licht der Quelle, das von ihrem Herzen in das unsere strömt.

Helios und Vesta.

Ich rufe euch in meine Gegenwart.

Ich öffne mich der Flamme eurer Liebe.

Euer Licht berührt mein Haupt.

Euer Licht berührt meine Stirn.

Euer Licht berührt meine Sinne.

Euer Licht berührt mein Herz.

Euer Licht berührt meine Kraft.

Euer Licht berührt meine Menschlichkeit.

Euer Licht berührt meine Ganzheit.

Euer Licht berührt meine Seele.

Ich bin eins mit dem Funken göttlichen Lichts,
der aus eurem Herzen zu mir strömt.

Das Licht
der ewigen Liebe

Das Licht ewiger Liebe führt alle Aspekte unseres Wesens in Liebe zusammen. Es entfacht die Flamme unserer Seele und berührt das Licht, das wir sind. Es berührt alle Ebenen unseres Bewusstseins und lässt sie zu einem Punkt verschmelzen.

Wir erkennen gleichzeitig alle Facetten unserer selbst, die Gesamtheit unseres Lebens existiert in jedem Augenblick.

Alles, was wir sind, ist Liebe.

Das Licht ewiger Liebe ist geboren aus dem Augenblick der Geburt der allerersten Schöpfung. Es ist unvergänglich und durchströmt alle Universen.

Ich rufe herab das Licht ewiger Liebe.

Ich öffne mich dafür, ein Gefäß dieses Lichts zu sein.

Eine Flamme
kristallener Schönheit leuchtet auf in meinem Herzen.

Aus ihr entspringt
ein Funke blauen Sternenschimmers
und durchströmt alles, was weiblich ist in mir.

Aus ihr entspringt
ein Funke rosafarbenen Sternenschimmers
und durchströmt alles, was männlich ist in mir.

Ich blicke auf mein Leben und finde Versöhnung.

Ich blicke auf die, die ich liebe, und finde Dankbarkeit.

Alles, was in Dunkelheit versunken war,
wird emporgehoben und erlöst.

Ich bin durchdrungen von ewiger Liebe.
Ewige Liebe durchströmt mein ganzes Sein.

Ewige Liebe vereint alles, was ich bin.
Ewige Liebe offenbart die Vollkommenheit meiner Seele.

Ich bin ewig.

Das Licht
der Einheit

Das Licht der Einheit ist die Essenz des göttlichen Atems. Es ist das Licht, das alle Schöpfungen aus der Quelle emporhebt, damit sie sich selbst erkennen. Durch das Licht der Einheit wird sich die Schöpfung ihres Schöpfers gewahr und erkennt, selbst Schöpfer zu sein. Wir sind eins mit dem, was wir erschaffen.

Können wir beide Standpunkte einnehmen, so sehen wir, wie alles an seinen Ursprung zurückkehrt, wie alle Dinge sich zu einem Kreis zusammenfügen. Alles, was je erschaffen wurde, unterliegt diesem Gesetz.

Nichts kann außerhalb unserer selbst existieren, eine Form erhalten oder ein Bewusstsein entwickeln.

Rufen wir das Licht der Einheit in unsere Gegenwart, so beginnen wir, einfach zu sein. Nur der Augenblick existiert. Alle Gedanken, Ideen, Vorstellungen, Gefühle oder andere Empfindungen treten aus unserer Wahrnehmung heraus.

Wir sind unbegrenzt.

Wir sind Zentrum von Allem-was-ist.

Alles Leben ist untrennbar miteinander verwoben. Alles Leben wird beständig aus sich selbst heraus geboren. Die Einheit allen Lebens zu umarmen und willkommen zu heißen bringt uns in Resonanz mit dem Ursprung unserer eigenen göttlichen Kraft. Wir sind Schöpfung und Schöpfer zugleich.

Ich rufe herab das Licht der Einheit.

Alles ist eins.

Ich rufe herab das Licht der Einheit
in das Bewusstsein aller Menschen.

Alles ist eins.

Ich rufe herab das Licht der Einheit
in alle Welten.

Alles ist eins.

Ich bin eins mit der Erde.
Ich bin eins mit dem Himmel.

Ich bin eins mit meinem Herzen,
meinem Geist und meiner Seele.

Alles, was ich bin,
ist eins.

Das Licht
der Klarheit

Das Licht der Klarheit gehört zu den höchsten Frequenzen der Schöpfung. Es strömt direkt aus der Quelle und bildet einen zentralen Baustein aller kristallinen Strukturen.

Das Licht der Klarheit ist eines der Elemente, die Alles-was-ist zu einem Ganzen zusammenfügen. Es ist gleichermaßen ein Bindeglied zwischen der Quelle und allen ihren Schöpfungen. Öffnen wir uns für das Licht der Klarheit, so öffnen wir uns für die Ganzheit unseres eigenen Wesens.

Das Licht der Klarheit schenkt uns den Raum, alle Aspekte unseres Wesens zu betrachten und miteinander in Einklang zu bringen. Wir beginnen, die ursprüngliche Absicht, die uns hierher geführt hat, zu erkennen.

Rufen wir das Licht der Klarheit in unsere Gegenwart, so erheben wir unser Bewusstsein in die nächst höhere Oktave unserer eigenen Schwingung. Aus dieser erweiterten Perspektive heraus können wir erkennen, wie alle Erfahrungen unseres Lebens zusammenhängen.

Das Licht der Klarheit schenkt uns die Kraft, unserem Herzen zu vertrauen.

Wir sind Liebe und Alles-was-ist ist Liebe.

Das Licht der Klarheit ist die Kraft, die uns beständig auf die Quelle allen Lebens ausrichtet. Wir sind Liebe. Wir sind die Liebe, aus der alles geboren wurde und zu der alles zurückkehrt.

Ich rufe herab das Licht der Klarheit.

Ich rufe Klarheit in mein Herz,
in meine Seele und in meinen Geist.

Ich rufe herab die Liebe des göttlichen Vaters.
Ich rufe herab das Licht der göttlichen Mutter.

Ich bitte darum
mir jetzt den Weg zu offenbaren,
der vor mir liegt.

Ich bitte darum,
mich jetzt für die Liebe derer zu öffnen,
die diesen Weg vor mir gegangen sind.

Wir sind eins.

Ich werde emporgehoben zu den Sternen
und zu meinem Ursprung.

Kristallenes Feuer umhüllt mich.

Ich bin göttliche Liebe.

Quan Yin

Quan Yin verkörpert ebenso wie Maria Magdalen einen Aspekt der göttlichen Mutter. Sie schenkt uns die Liebe, die uns den Weg in die Einheit allen Lebens weist. Öffnen wir unser Herz für ihre Liebe, öffnen sich die Tore zu unserem göttlichen Selbst.

Rufen wir Quan Yin in unsere Gegenwart, so beginnt das Licht, das wir sind, ungehindert in alle Leben und in alle Erinnerungen zu fließen. Wir sind eins mit allem, was wir erschaffen haben.

Dehnen wir dieses Licht weiter aus in alle Welten und Sphären, so erheben wir unseren Geist über jegliche Begrenzung.

Schöpfung und Schöpferkraft sind eins.

Quan Yin ist die Liebe, die dem reinen Herzen entspringt. Sie ist die Essenz der ursprünglichsten Liebe, mit der die Schöpfung sich selbst erkennt. Sie ist das Licht, das keine Dunkelheit und keinen Schatten kennt. Alles, was sie erblickt, ist Licht.

Quan Yin.

Ich rufe dich in meine Gegenwart.

Dein Segen sei mein Begleiter
auf der Reise meiner Seele.

Ich erbitte deine Güte.
Ich erbitte deine Milde.
Ich erbitte deinen Sanftmut.

Mögen Dienst und Hingabe
mein Herz regieren und meine Schritte lenken.

Mögen Mitgefühl und Dankbarkeit
in jedem Augenblick mit mir sein.

Möge Liebe in mir ruhen
zu allen Zeiten.

Die Bruderschaft der Melchizedek

Die Bruderschaft der Melchizedek ist in 144 Orden unterteilt. Jedem Orden obliegt eine bestimmte Aufgabe. Bitten wir um Aufnahme, so beginnt für uns ein Weg des Lernens und der Vorbereitung in den höheren Sphären. Im Laufe vieler Inkarnationen bilden sich unsere Fähigkeiten heraus. Gegen Ende unserer Lehrzeit werden wir geprüft und erhalten Zugang zu den Tempeln der spirituellen Hierarchie.

Dort erhalten wir erste Aufgaben und erklären unsere Bereitschaft, dem Licht zu dienen. Wir assistieren den planetaren Räten, beginnen in den Ämtern der spirituellen Hierarchie zu arbeiten oder treten den Ashrams der Aufgestiegenen Meister bei. In dieser Zeit beginnen wir, uns zu spezialisieren und dem Ruf unseres Herzens zu folgen.

Rufen wir die Bruderschaft der Melchizedek in unsere Gegenwart, so bitten wir um Eintritt in die Hallen des Lebens. Wir bitten um das Erwachen in unsere eigene Kraft und das Wissen, das sich in dieser Kraft verbirgt. Wir erneuern unseren Bund mit der spirituellen Hierarchie, dem Licht zu dienen, und erklären uns bereit, unsere Aufgabe anzunehmen.

Der erste Schritt ist hier, unser Selbst ganz anzunehmen, alles, was wir sind, waren oder sein werden, anzuerkennen und in unserer eigenen Liebe zu halten.

Wir sind unsterblich.
Wir sind ewig.
Wir sind Alles-was-ist.

Die Bruderschaft der Melchizedek gehört zu den ältesten Bruderschaften dieses Universums. Sie unterstützt alle Welten auf dem Weg zurück zur Quelle. Sie wacht über die Erinnerung daran, dass alles Leben göttlichen Ursprungs ist.

Ich bin ein Bote des Lichts.

Wie geht es jetzt weiter?

Dies ist eine gute Frage. Eine gute Frage bringt uns auch immer ein Stück voran, lässt uns weitere Fragen finden. Es gibt außerdem nur gute Fragen.

Fragen zu stellen ist eine überaus interessante Kunst, und jede Frage trägt bereits alle Antworten in sich. Haben wir die entscheidende Frage unseres Lebens gefunden, so erinnern wir uns an die Antworten. Sie waren schon immer da.

Wir sind hier auf der Erde, weil wir uns einige wirklich gute Fragen gestellt haben: Können wir es aus eigener Kraft schaffen, die Illusion der Getrenntheit zu überwinden und in die Einheit allen Lebens zurückzukehren? Schließlich haben wir alles Erdenkliche angestellt, um überhaupt die Illusion der Getrenntheit zu erschaffen und zu vergessen, wer wir sind und woher wir kommen. Wir haben eine großartige Schule des Lernens und Wachsens erschaffen und jetzt ist der Moment des Erwachens gekommen.

Eine weitere Frage, die damit verbunden ist, wäre: Können wir eine Welt erschaffen, die alles Leben achtet, der bewusst ist, dass alles Leben miteinander verbunden ist? Können wir diese Welt für alle Menschen erschaffen?

Und die wichtigste Frage von allen: Sind wir bereit, das Licht des Christus in unserem eigenen Herzen zu tragen, wenn wir diesen Weg beschreiten? Sind wir bereit, uns selbst und anderen zu vergeben? Sind wir bereit, bedingungslos zu lieben? Sind wir bereit, in Frieden zu leben?

Dies setzt voraus, dass wir bereit sind, unsere eigene Göttlichkeit zu leben – zu jedem Zeitpunkt und unter allen Umständen. Wir begreifen, dass es unsere ganze Liebe braucht, unsere ganze Kraft und unseren ganzen Willen, um dieser Welt jetzt beizustehen, dass wir aufgefordert sind, an den gesellschaftlichen Veränderungen mitzuwirken und unseren eigenen Anteil dazu beizusteuern.

Können wir andere durch unser eigenes Leben inspirieren? Können wir anderen Mut machen, ebenfalls neue Wege zu beschreiten, damit sie herausfinden, was es bedeutet, einfach nur sie selbst zu sein? Können wir unserer Familie, unseren Freunden, Kollegen und überhaupt allen Menschen die Liebe entgegenbringen, die wir durch die spirituelle Hierarchie erfahren? Sind wir bereit, den Weg derer fortzuführen, die vor uns erwacht sind, und der Erde auf gleiche Weise zu dienen?

Haben wir dazu genügend Selbstvertrauen und Ausdauer? Haben wir genug Kraft, Enttäuschungen, Misserfolge und das Spiel der Projektionen hinter uns zu lassen und unser ganzes Wesen einem Ziel unterzuordnen? Sind wir bereit, alles loszulassen, was aufgehört hat uns zu dienen, und wirklich neue Wege zu erproben? Sind wir bereit, unkonventionell zu handeln und einfach unserem Herzen zu folgen?

Sind wir bereit, unsere schöpferische Kraft zu nutzen – zum höchsten Wohle aller –, und sind wir bereit, selbstlos zu handeln? Sind wir bereit, uns selbst zu lieben, auch wenn wir manchmal scheitern? Sind wir bereit, den freien Willen eines jeden Menschen zu respektieren?

Sind wir bereit, in einer Welt zu leben, in der wir an manchen Tagen hin und her gerissen sind zwischen dem, was wir tun sollten, dem, was von uns erwartet wird, und dem, was wir fühlen, und eine Lösung zu finden, die uns selbst gerecht wird?

Sind wir bereit, dem eigenen Weg zu folgen und Vertrauen in unsere Entscheidungen zu haben?

Sind wir bereit, uns daran zu erinnern, dass wir alles selbst erschaffen haben, um die Antworten auf die erste Frage herauszufinden?

Diese Antworten liegen in unserem Herzen bereit. Nehmen wir uns einfach die Zeit zuzuhören.

Meditationen
der Aufgestiegenen Meister
mit MA'al

Vywamus und Sanat Kumara:
Die Öffnung zum Höchsten Selbst

Diese geführte Meditation mit Vywamus, Sananda, Erzengel Michael und Sanat Kumara schenkt uns inneren Frieden und Ausgeglichenheit. Sie öffnet uns für die Liebe zu allem Leben.
Meditation (46:45 min.)

Saint Germain:
Die Öffnung zu Transformation und Wandlung

Diese geführte Meditation mit Saint Germain, Lady Portia, Erzengel Zadkiel und Amethyst verbindet uns mit unserer Kraft und unserem Willen. Wir sind bereit für Veränderungen.
Meditation (47:00 min.)
Herzensmeditation der
Arkturianer (12:24 min.)

Maitreya:
Die Öffnung zum Licht des Christus

Diese geführte Meditation mit Lord Maitreya und den solaren Logoi Helios und Vesta erlöst uns von der Illusionen der Getrenntheit. Sie öffnet unser Herz für das Licht des Christus.
Meditation (58:40 min.)

Die Meditationen der Aufgestiegenen Meister sind sehr intensiv und überaus wirkungsvoll. Sie erleichtern es uns, mit den Ereignissen Schritt zu halten und uns täglich in das Licht der Neuen Zeit einzustimmen.

MA'al: Meditation
Jürgen Schuld: Gongs und Klänge
Sergio Teràn: Bambusflöten
Winfried Schuld: Tonmeister, TOCA Records, Sinzig

© Photo: Constanze Sander

MA'al Birgit Ruttkowski
absolvierte ein umfassendes künstlerisches Studium und verfügt über einen weit reichenden spirituellen Hintergrund. In den vergangenen 20 Jahren wurde ihr Erweckungsprozess durch zahlreiche Initiationen und Einweihungen eingeleitet. Im August 1999 öffnete sie sich den Aufgestiegenen Meistern und der spirituellen Hierarchie des Lichts und arbeitet seither mit Sanat Kumara, Vywamus, Serapis Bey und Saint Germain zusammen.

ANTAKARANA
Praxis für Neues und Altes Wissen
MA'al Birgit Ruttkowski
Meditationen der Aufgestiegenen Meister
Seminare, Projekte, Einweihungen und Fortbildungen

Wilhelmstraße 25
41061 Mönchengladbach

Tel.: 0 21 61/29 44 46
Fax: 0 21 61/29 44 47

E-Mail: b.ruttkowski@antakarana.net
Website: www.antakarana.net

Danksagung

Von ganzem Herzen möchte ich mich bei meinen Lehrern bedanken. Eure Geduld, Eure Liebe und Euer Humor haben mir den eigenen Weg gezeigt.

Ein ganz besonderer Dank gilt diesen drei wunderbaren Menschen, deren Freundschaft und Liebe ich in den letzten Jahren über alle Maßen zu schätzen gelernt habe:

Uli, für Deine Gelassenheit und Deine Weisheit;

Sion, für Deine Hingabe und Deine Stärke;

Keith, für Deine Inspiration und Deine Leichtigkeit.

Diana Cooper
Dein Aufstieg ins Licht
Erweiterte Neuauflage
200 Seiten, Hardcover
€ 15,90 (D) / SFr 27,40
ISBN 3-934647-64-2

Edwin Courtenay
Reflexionen –
Die Meister erinnern sich
128 Seiten, Hardcover
€ 14,90 (D) / SFr 25,80
ISBN 3-929475-71-5

Cyndi Dale
Licht-Pforten
344 Seiten, Hardcover,
4 Farbtafeln, 37 s/w-Abb.
€ 20,90 (D) / SFr 35,30
ISBN 3-929475-99-5

Anne Brewer
Schöpferische Macht
244 Seiten, Hardcover
€ 17,90 (D) / SFr 30,50
ISBN 3-934647-26-X

Tashira Tachi-ren
Der Lichtkörper-Prozeß
128 Seiten, Hardcover
€ 14,90 (D) / SFr 25,80
ISBN 3-929475-66-9

Anne Brewer
Zwölfstrang-DNS
240 Seiten, Hardcover
€ 17,90 (D) / SFr 30,50
ISBN 3-929475-88-X

John Payne
Die vier Prinzipien der
Schöpfung
Material gechannelt von Omni
246 Seiten, Hardcover
€ 17,90 (D) / SFr 30,50
ISBN 3-934647-39-1

Tony Stubbs
Handbuch
für den Aufstieg
160 Seiten, Hardcover
€ 15,90 (D) / SFr 27,40
ISBN 3-929475-42-1

Edwin Courtenay
Rituale und Gebete
der Aufgestiegenen Meister
128 Seiten, Hardcover,
mit Kartenset
€ 15,90 (D) / SFr 27,40
ISBN 3-929475-41-3